アドラーに学ぶ

70歳からの人生の流儀

Iwai Toshinori 岩井俊憲

毎日新聞出版

はじめに

この『アドラーに学ぶ70歳からの人生の流儀』をお読みになる前に、あらかじめお断りしておきます。

この本では、70代を「下山」とか「終活」とイメージして書いていません。むしろ、生涯感動しながら年齢なりの生涯青春をまっとうし、生涯現役を目指す生き方を提案しています。

「生涯現役」と書くと、「生涯働き続けなければいけないの?」という疑問が湧いてきます。私の生涯現役のイメージは、それとはかなり違います。働き続けたければそれもいいのですが、身体的、精神的に叶わない人もいます。それでも、現役でできるだけバリバリと働くよりも、あなたの貢献できる分野で、あなたを待っている人のためにささやかに役に立てれば、それはそれで幸福ではありませんか。その意味では、「生涯貢献」を志す本だというのが正確です。

この本の背後にあるアドラー心理学の創始者、アルフレッド・アドラー(1870

年〜1937年）は「人生の意味は貢献である」として、著書で次のような言葉を残しています。

「あらゆる課題は、人間社会の枠組みの中で、人間の幸福を促進する仕方で克服されなければならない。人生の意味は貢献である、と理解する人だけが、勇気と成功の好機を持って、困難に対処することができる」（『人生の意味の心理学〈上〉』岸見一郎訳、アルテ）

本書は第1章「『老いの呪い』なんて解いてしまおう」で、老いることを何かの呪いのようにとらえている思い込みを解きほぐします。

続いて第2章の「人生の秋をほがらかに生きる」、第3章「人間関係はほどほどがいい」、第4章「うまく愛し、愛される」と進むうちに、アドラー心理学で「ライフタスク（人生の課題）」と呼んでいる「仕事（社会貢献）」「交友（人間関係）」「愛（親密な関係）」をどのように考え、どう対処したらいいかについてご提案しています。

私は、この本の出版時72歳です。35歳の時にアドラー心理学と出合い、それ以来、

20万人近くの方々と講演、研修、カウンセリングなどで接しています。それらの人たちの多くは、勇気と希望を与えるアドラー心理学に触れることによって人生をよりポジティブに、協力的・貢献的に生きられるようになっています。

私は、「環境のせい」「できない」「限界があり不可能」と受け止めていた人が「自分が主人公」「できる」「やや制限があっても可能性がある」に変化していくさまを目の当たりにしています。アドラー心理学の「勇気づけ」が明らかにその人たちの人生を変え、他者に対しても好影響を与えることができているのです。

２０２０年は、アルフレッド・アドラーの生誕１５０周年の年です。私は、記念すべき年にこのようなシニア向けの本を執筆できたことを喜びとしています。

この本を契機に「生涯貢献」を志す人たちが増え、その人らしさの輝きを帯びて「生涯現役」の機運が高まることを願ってやみません。

岩井　俊憲

アドラーに学ぶ70歳からの人生の流儀 **目次**

第2章 人生の秋をほがらかに生きる

第3章 人間関係はほどほどがいい

第4章 うまく愛し、愛される

第5章 なだらかな坂をゆるゆるのぼる

第1章「老いの呪い」なんて解いてしまおう

「老いの呪い」にかかっていませんか

夢は若者だけのもの?

「あなたの夢はなんですか?」

人からこう聞かれたら、あなたならなんと答えますか?

スピルバーグが監督した作品の一つに印象的なオムニバス映画があります。年老いた男女が「あと何年生きられるかな」とぼやきつつ暮らす老人ホームが舞台の物語です。ある時そこに、ブルームという名の老人が入居してきます。

そのブルームが老人たちにこう語りかけます。

「あなた方はこれで終わりじゃありません。まだ夢がある」

しかし、当然のことながら、みんなつれない。

「夢なんてとうの昔にあきらめちゃったわよ」と返す老人ホームの住民たち……。

そんなある日の夜中のこと。ブルームが老人たちに魔法をかけます。

「子どもの頃に夢中になった缶蹴りをここで再現できるよ」

すると、不思議なことに庭に集まった老人たちは子どもの姿になって、一生懸命遊び始めたではないですか。さらには、魔法が解けたあと「いまでも遊べるんだよ」とブルームに言われると、おじいさんおばあさんの姿に戻っても鬼ごっこをしたり、ピクニックに出かけたりできるようになった、というストーリーでした。


さて、みなさんなら、ここからどんなメッセージを読み取るでしょうか?

私は、このドラマには、「死を目前にして可能性が限られている、という負の思い込み」が示されていると思っています。物語では、あたかも老人たちが子どもに還る魔法にかかったように見えるかもしれませんが、本当は老人自身がもともと「もう年老いているから限界だ」という魔法にかかっているにすぎない。その魔法を解きましょうという物語なのだと解釈しています。

「呪い」から自由になるには

このことは、トシヨリだけの話とは限りません。じつは中年も若者も子どもですら、私たちは無意識のうちに「これが限界だ」「これまでだ」「もう先は見えている」という「負の魔法」、言ってみれば「呪い」をかかっているものです。

私自身がこの「呪い」から解放されたのは35歳の頃のこと。それまで勤めていた会社を退職し、いったん何もかもリセットしようと考えていた矢先のことでした。新たな就職先にといただいた多数の会社からのオファーをすべて断って、いままでの経験がまったく通じない不登校の子どもたちの支援を始めた時、大パラダイム変化が起こりました。

それまでの自分とはまったく関係のないところに身を置いてみると、過去の自分にとっての価値や、自分を縛っているもの、自分の可能性などがまったく通用しないことがわかります。もしオファーをいただいていた会社のどこかに入社していたら、役員にもなれていたかもしれません。

ですが、もしもその道を選んでいたとしたら、ここに至るまでのさまざまな出会いもありませんでした。そういうものなのです。

「老人はこういうものだ」という思い込みも同様で、魔法や呪いのようなものかもしれません。私はこの本で「老いの呪い」を解きたいのです。

心理学者のアドラーは、何歳まで人は変われるのかという問いにこう答えました。
「死ぬ1～2日前まで」

終活や老後の整理をしたい人はもちろんしてもいいのですが、そうでなければ、これまでと違う魔法にかかってみてもいいのではないでしょうか。

本書では、そのためのヒントをいろいろな角度からお伝えしていきます。

年齢は7、8掛けでいい

一昔前とは「年齢感」が変わっている

『サザエさん』に出てくるフネさんは、ずいぶん落ち着いた「おばあさん」に見えるけれど、実際は48歳。よく知られた話ですね。

それに対して俳優の吉永小百合さんは、現在70代。フネさんよりずっと若く見えるだけでなく「おばあさん」――もう少し控えめな「おばさん」という言葉すら似合いません。同じく女優の岩下志麻さんは、さらにもう少し年上です。数字の印象より10歳は若々しく感じるのではないでしょうか。

このお二人に限らず、多くの人が一昔前の同じ年齢の人と比べてずいぶんと若く見えますね。感覚としては、自分の親の時代と比べて7〜8割くらいの年齢に見えそうです。ということは、20〜30歳上の世代とは、少なくとも7掛け、8掛けくらいの意識のギャップがあるともいえるでしょう。

若々しく見えるだけでなく、寿命もずいぶんと延びました。保健衛生上（環境面、栄養面）の問題で亡くなる人が減ってきているからです。先日、新聞で認知機能低下の進行を遅らせる新薬に関する報道も目にしました。

がんは生涯で2人に1人がかかり、3人に1人が亡くなるといわれてきましたが、最近では必ずしも不治の病ではなくなってきています。政治家の森喜朗氏はがんになっても、80代の現在でもご活躍中です。

早すぎる終活も考えもの

人生も後半戦にさしかかってきた頃から折にふれて自分の親が何歳の時に亡くなったか、意識することはありませんか？

もし70歳や80歳で亡くなっていたとするならば、「自分もそろそろ……」と思うかもしれません。とはいうものの、年齢を7、8掛けで考えると、まだまだいろいろなことができそうです。たとえば、現在の自分の年齢だった時の両親を思い出してみると、いまの自分とは明らかに違うと感じるはずです。体力的な面だけでなく、意識においても、現代人のほうが若々しいですよね。

一昔前だったなら、人生80年だとして、40歳では半分、60歳の時には人生の4分の3まできたなと感じていたことでしょう。

ところが、もはや人生80年という考え自体が成り立たない時代です。人生100年時代に突入したともいわれています。

社会にいろいろな可能性があるにもかかわらず、自分の意識が遅れているばかりに、「もうここまでだ」「そろそろ限界だ」と考えてしまう人が多いのも事実です。

終活も悪くはないのですが、早くに始めすぎると、生きているいまの人生を楽しむよりも、長く生きることへの不安が勝ったり、「まだ生きているのか……」などと日々の生活が退屈で困ることになったりするかもしれません。

年齢は7、8掛けで考えるくらいでちょうどいいのです。

65歳ならかつての45歳から50代前半。70歳なら50歳くらいと考えてみると、まだまだ何かを始められそうではないですか？

「私は思っているより若い！」という気持ちで過ごしてみましょう。見える世界が変わってくるはずですよ。

65歳からはリクリエーション

65歳から本番の人生が始まる

ケンタッキーフライドチキンのカーネル・サンダース会長は、60歳を過ぎて細々とフライドチキンの店を開いていました。ところが、州間高速道路の開通によって車と人の流れが変わり、国道沿いのサンダース・カフェには客が入らなくなりました。そこで何をしたと思いますか？　65歳のカーネル・サンダースは。

「だったら売りに出ればいいんだ」と思いつき、店を手放し、フライドチキンをワゴン車に積んで各地を回ったのです。これがケンタッキーフライドチキンのフランチャイズ網の展開につながりました。

日本では、詳細な日本地図をつくった伊能忠敬も、55歳から17年かけて全国各地の測量にまい進しました。近年では、三菱商事を辞めてシャーロック・ホームズの研究をしていた河村幹夫氏などもいました。経営学者・野田一夫氏は、85歳で『悔しかったら、歳を取れ！』（幻冬舎）を書き、90歳を過ぎたいまでも講演を行っています。

これからは、若い世代が減少する少子化の時代ですから、上の年代はまだまだ働く必要があるでしょう。

以前85歳のレストラン経営者が、腕相撲で自分に勝ったら代金を無料にするというサービスをしているとテレビで観たのですが、この人は毎日しっかり鍛えていて、あまりに屈強なので誰も敵わないそうです。いまはこれくらい元気な人もいるのです。

ですから私は、一般的にサラリーマン人生から解放される65歳はリタイアではないと考えています。

むしろ、65歳までが人生のリハーサルで、そこから本番の人生が始まるのです。言葉遊びになりますが、たとえばリタイア（Re-tire）という言葉は「再び・疲れる」という意味になります。リタイアで「再び疲れる」必要などありません。リクリエーション（再創造）、もしくはリゲイン（取り戻す。再び得る）という言葉がいいでしょう。

活躍の場は、何も仕事に限りません。竹とんぼや吹き矢や竹鉄砲をつくることなど、遊びの分野でもいいのです。これも立派な伝統の継承ですね。

ユニークかつ斬新な作風が話題の西本喜美子さんは、91歳のアマチュア写真家です。72歳の時、息子さんが開く写真塾に参加してカメラに触ったことがきっかけで写真を撮り始めたそうです。老いをユーモラスに切り取った作品の数々はＳＮＳに投稿されており、年齢を感じさせないご活躍ぶりです。

第158回芥川賞を受賞された若竹千佐子さんは当時63歳。55歳の時に夫が脳梗塞で突然亡くなり、悲しみに暮れ自宅にこもる日々を送っていたところ、息子さんに外に出るよう言われ、小説講座に通い始めたのが執筆のきっかけといいます。

活躍の形は人それぞれですが、60歳、65歳を過ぎてからこそが、リクリエーションです。培ってきたノウハウを活かすことも、新たに何かを始めることもできる。やる前からあきらめてしまうことのほうが、もったいないと思いませんか？

長生きの秘訣はリセット⁉

死ぬまで生涯現役とはいかに……

みなさんは、何歳で生を終えるつもりですか？

そんなこと、神様に聞いてくれ、と言われそうですね。

私は、いまのところ95歳まで生きると決めています。

なぜ95歳かと問われると困るのですが、アルフレッド・アドラーの直弟子たちに90代後半、一部100歳越えの人たちが何人かいるからです。

ある日、タクシーに乗った時、運転手さんとお互い死ぬまで現役を続けたいと意気投合しました。研修や講演を生業とする私が、

「講演を終えたその瞬間に、演台にもたれかかるようにして死にたい」

と話すと、人のよさそうな運転手が一言。

「同感ですね。私もね、ハンドルを握ったまま息を引き取りたいですわ」

もちろん冗談ですが、偶然乗り合わせた車中で生涯現役論を交わすことになり、とても気持ちのよい時間を過ごすことができました。

新しい環境が若さを呼び込む

ピカソは作風においても、女性関係においても、最後まで激しく燃焼し尽くしながらも長命でした。ただ、彼の場合は何度も再婚して相手を替えていることが長寿の要因だったのかもしれません。チャップリンもそうですが、関係をリセットしてパートナーを替えると、もう一度青春を取り戻せるのです。

推理小説作家としても知られた林髞《はやしたかし》という慶應義塾大学の生理学教授は、「人生二度結婚説」を唱えて実際に体現した人でした。彼は、若い女性を妻に迎え、自分の死後、残された妻は、若い男性と結婚すればいいと言ったのです。世代間で継いで、また継いでいくという考え方です。

私もじつは、41歳の時に再婚し、42歳で子どもが生まれました。しかし当時としてはずいぶんと遅めにできた息子を孫のように感じることはありませんでした。やはり子どもは子どもなのです。そうすると意識が30歳くらいにまで戻る感覚がありました。もう一度、別の人生をつくり出した（リクリエーション）のです。

もちろん、決して離婚をすすめているのではありませんよ。ただ、昨今は年の差婚も珍しくありません。意識の問題は、自分が思っている以上に大きいということです。

転職も同じです。一つの会社にずっと勤めていて60歳でリタイアとなると、ほかの会社を知りません。ですからリセットしづらいでしょう。逆に転職をしている人は、一度リセットを経験しているので、60歳を過ぎて定年を迎えても、リセットしやすいともいえます。

リセットとその次のリクリエーションをうまくできると、人生の新たな波に乗りやすくなるのです。

過去の栄光なんて捨ててしまおう

過去の肩書きでいまの自分を語ってはいけない

あなたの周りに、いつも昔の話ばかりする人がいませんか？

ある時、勉強会で会った人と名刺交換をしようとしたら、パウチされた名刺を差し出されて困惑したことがありました。そこには会社にいた頃の名刺がありました。

さらに次の瞬間、「名刺はお返しください」……。

もうなんの権限もない過去の肩書きをわざわざ見せる必要があるでしょうか。

トシヨリが多く集まる講演会では、質疑応答の時間に「私は以前○○会社で○○をしていた者ですが」と自己紹介をする人がいます。そう言いたい気持ちもわからなくはないのですが、それは過去の栄光に酔っているだけであって、現在は関係のないことです。

講演会のような場では、学歴、職歴などをフラットにすること。一人の「おじさん」になったほうがいいのです。

職歴や学歴を持ち出したとたんに、〝マウンティング〟が始まってしまいます。自分が上か下かという意識にとらわれてしまうのです。

これは男性に限ったことではありません。女性の場合は「私の夫は……」と言うことが多いでしょう。その時に語られるのは、やはりその夫が過去に在籍していた企業での肩書きです。

話していて楽しいのは本人だけで、まわりは痛々しく感じてしまうものです。過去の栄光に囚われている人は、思った以上に多いのです。

私は、こういう人たちのことを「化石人間」と呼んでいます。

「昔はよかった」と言いながら過ごす人生は味気ないものだと思いませんか？

トシを重ねるからこそ、過去よりも未来に目を向けたいものです。

現状維持は「終わった人」の特徴

不健全な自己肯定感

これからお話しする「変化を嫌う人」とは、何につけても現状維持が一番だといって他の方法に目を向けようとしない人のことです。

たとえば身近な例でいえば、家族割引が使えるのでスマホをすすめてもガラケーに固執し続ける人や、「俺はこれでいいんだ」と口ぐせのように言っている人はいませんか？

とくに、かつて高い役職に就いていた人ほど現状維持を望む傾向があります。

面倒なことは部下が動いて片付けてきたし、それなりにうまくいっていることなら、あえて変えないほうが安全だ、という経験もしてきたからでしょう。

こんな人がいました。大企業を総務部長で定年を迎え、そのまま中小企業の経理担当になろうとしたもののまったくうまくいかない……。中小企業では複式簿記ができないとその役は務まりません。しかしそれがわからないのです。それどころか、コピーの取り方も知らない、エクセルも使えない、パワポもできない。スマホの画面の拡大もできないので、孫にもバカにされてしまいます。

これは、大会社でそれなりの立場に就いていた頭の固い人の典型例です。

不健全な自己肯定感という考えがあります。これは「現状のままの自分でいいんだ」という誤った自己満足のことです。このような人は「俺はこれでいいんだ」「これでやってきたんだ、なんの問題があるんだ」と考えがちです。

この思考には、変化を嫌うことも関係しています。

男性に必要な三つの自立とは

別の例では、会社をリタイアした男性が妻から離婚を切り出されました。言われたほうの夫は「なんの不満があるんだ？　俺はこれでずっとやってきたのに」と、まったく妻の意図が理解できません。――いや、理解しようとしません。

仕事をリタイアしたなら、家庭のなかでの役割も変わります。しかしそれを変えようとせず、彼はいままでと同じスタイル、仕事分担で生活を続けようとします。そして、いままでどおり妻の役割と決まっているといわんばかりに、「この頃昼に出かけることが多くなったようだけど、飯はちゃんとつくるんだろうな」などと言って妻をあきれさせてしまうのです。

妻からすれば、夫が現役の頃は外食が中心で、わざわざ昼食を用意してこなかった分、手間が増えたことになります。一方の夫はわれ関せず。「おれは飯なんてつくれない、いままでそれでやってきたんだ」と自分の意見を押し通そうとします。

これらはいずれも、環境が変わったにもかかわらず「いままでこれでやってきたのだから、なんの問題があるんだ」と自分の価値観や行動を変えようとしないことで問題になったケースです。

男性には、社会的自立、経済的自立、家庭的自立というテーマがあります。ですから、家庭のなかでやらなければならないこともあるはずです。

もしも妻が病気になったらどうするのでしょう。この三つの自立のなかでも、多くの男性が、家庭的自立の訓練を受けていません。しかしリタイアをしたら、家庭的自立を学ばなければいけないのです。

リタイア後は妻が上司と心得よ

現在60代70代の男性の場合、妻が専業主婦だったケースが多いので、身のまわりのことは妻に任せきりだったという人がほとんどでしょう。もし妻も働いていたとしても、一度勤めを辞めて、パートで働いてきたようなケースが多いのではないでしょうか。50％ずつ家事や育児を分担していた夫婦はそれほど多くないはずです。

そうなると、夫が現役時代は社会的自立や経済的自立の面では、どうしても妻は夫にかないません。でも、家庭的自立においては、家庭的になんでもこなす妻と、退職した夫では、夫のほうが圧倒的劣位にいます。本来なら夫は妻に家庭的なことを学ばなければならないのに、学ぶことをせず「飯はお前がつくるもんだろう」と解釈するからおかしくなるのです。

妻の側から見たら、仕事をリタイアしたのに「飯を食わせろ」と家事の世話だけ押しつけられたら、離婚したくもなってしまうでしょう。

だって考えてもみてください。たいしてかわいくもない大きな赤ちゃんが家にいるようなものです。そのうえ、子どもより面倒な存在です。子どもなら順応性が高く、目に見えて成長もするでしょうが、夫はそうはうまくいきません。

リタイアの時期は、妻が夫を再教育する時期です。

妻からしたら「今日からは私が上司です」と言う時なのです。

私はいつも「妻に習うべし」「男は料理教室に通うべし」と言っています。

たくさんの時間があるのですから、こんなに楽しいことはありません。料理はボケ防止にも効果的です。

陰と陽、二つの時

一本の線から見えてくるあなたの人生

これまでのあなたの人生の浮き沈みを一本の線を引いて表すとしたらどんな線になりますか？

激しい大波、どこかで大きな挫折を味わった証しの深いV字、年々幸せが増えていく右上がりの線……。

このように、いままでの自分の人生を線で表したものを「ライフライン」といいますが、描かれた一本の線からは、さまざまなことが見えてきます。

ライフラインは必ずしも何歳を起点にしなければならないというルールはありませ

ん。たとえば、就職や、結婚、家族が増えた時や、自分にとって節目となる年齢を起点に振り返るのでもいいでしょう。学生時代の貧しい体験や苦しかった体験が現在に価値を生み出すこともあるので、もちろん0歳までさかのぼってみてもかまいません。

ライフラインを描くのは、これまでの人生の浮き沈みを目に見える形にするのが目的です。月単位では上がり下がりが激しく収拾がつかなくなってしまうので、結婚や離婚、転勤・転職、昇進や左遷といった人生の転機を大まかに書き出していくほうがいいでしょう。

この転職はよかったことなのか、これは幸せだったといえるのか、考え始めたらわからないと不安に思う人もいるかもしれませんが、心配はいりません。私が登壇する研修でも書いてもらうことがあるのですが、誰でもすらすら記入し始めます。一度書いたら完成形というものではなく、書いたあとに見直して、書き直していけばいいのです。

私が時々開催している「勇気づけのワークショップ」では、実際にこれを行ってい

■　ライフラインの例

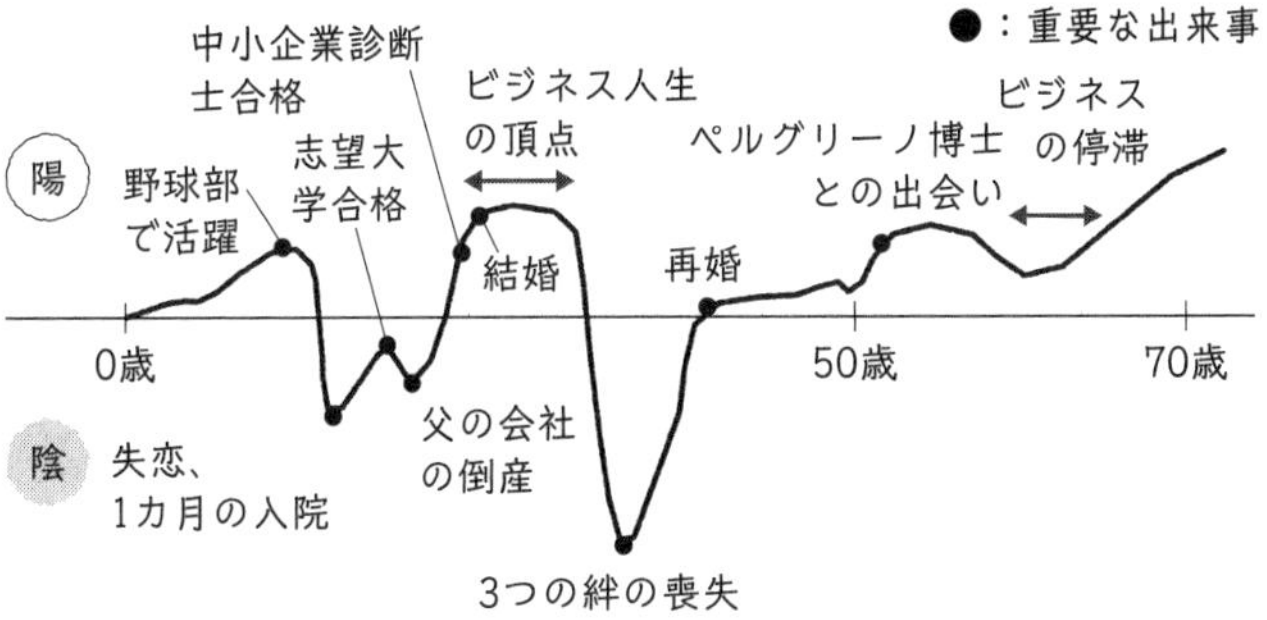

ます。まず鉛筆でライフラインを描いて、必要に応じてクレヨンで色を塗ります。ここに決まりはありませんので、自分の感覚でグラデーションにしてみたり、太陽や海を描いたり、自分の納得するように自由に色をつけます。女性のほうが色彩感覚が豊かで視覚的な人が多いので、イメージが浮かびやすいようですね。男性はたいがいの場合、事実だけ書くので、ライフラインも非常に現実的なものになります。

ライフラインの波の高低は人によって千差万別です。

たとえば「自分は恵まれているから」と上のほうにばかり線を描く人もいますし、「自分は一度も恵まれていない」と下ばかりに偏る人もいます。主観的な意見ですから、どう描いてもかまいません。

人には浮き沈みがあるということを、客観的に見直すいい機会になります。

陰のなかの陽、陽のなかの陰

作成したライフラインは、今度は別の人に話して共有しましょう。第三者の立場から見ると、自分とは少し違った物の見方があることに気づくはずです。

たとえば、転職を、どん底の出来事として書いていても、「その時どんな出会いがありましたか?」「それはどのくらいのつらさでしたか?」と質問を受けながら思い出したりすると、思っていたほどつらいことではなかったことや、つらいことのなかにもよい出来事があったこと、つまり「陰のなかの陽」に気づいたりするはずです。

逆に、成功だと思っていたことでも、その後の調子がおかしくなっていたとしたら、「順調だったのに、これを見失っていた」「慢心して、ほころびを見逃していた」などという、「陽のなかの陰」に気がつくかもしれません。

客観的な目で人生を振り返ることで、「陰のなかの陽、陽のなかの陰」があることに気づくのです。

アドラー自身は、人生の浮き沈みについて、あまり言及していません。しかし彼の伝記をひも解くと、彼自身にも浮き沈みがあったことがわかります。

たとえば、アドラーの晩年について、ある伝記では「晩年はそう問題がないから夢を見なくなった」と書いていますが、別の伝記では「長女が夫とともにソ連（現在のロシア）で行方不明になって、夜も眠れない日々が続いた」と書かれているものもあります。それぞれ違うことを書いていますが、一人の人間のなかでも、時にまるで違う見方をすることがあるものなのです。

客観的に自分を振り返り、行く末を考えるためにも、ぜひ本書を読み進める前に一度ライフラインを描いてみましょう。

■　陰のなかの陽、陽のなかの陰

過去よりも夢を語ろう

トシをとるごとにギャップは広がる

地下鉄を使っての通勤時、私は最寄駅で合計88段の階段をのぼらなければなりません。これはビル5階分の高さです。講師という職業柄、身体のメンテナンスを続けている私にはなんてことのない運動ですが、同じ年代の人からは「ものすごくつらい……」「階段がイヤで、タクシーを使ってしまった」といった声も聞かれます。

同じようなことは、60歳の時に中学校の同級会に参加した時にもありました。同級生と再会して衝撃を受けました。恩師とみまがうほど老けた旧友がいるかのです。それも一人や二人ではありません。全体を見渡すと、本当は皆、同じ60歳なのに、プラスマイナス15歳くらいの年齢のギャップがあったのです。時の流れは残酷です。
トシを重ねるにつれ、確実にこういったギャップは広がっていくでしょう。

同じ60歳でも、見た目にプラス15歳、マイナス15歳の差が出てくるのは、外見の若さを保つための努力も関係しているでしょう。しかし、それよりも、その人が心身の鍛錬を伴う生き方をしているか、さらに、過去より未来のことを語れるかどうかが左右しているように感じます。

生まれ変わっても伴侶と一緒になりたいか

以前、ある名門女子大学のOGに向けて講義をしたことがあります。そこで「生まれ変わって伴侶を選ぶとしたら、いまの夫を選ぶか」を聞いたところ、どれだけの人がイエスと答えたと思いますか？

結果は、なんとたったの1名。17人中16人が違う男性と結婚したいと思っていたのです。

彼女たちの夫は官僚や大企業に勤めている人たちばかりですが、「生まれ変わって選ぶならいまの人はこりごりだ」と言うのです。

この衝撃的な結果を知ってから、私は同様の質問をいろいろな場でするようになりました。すると、男性は7～8割の人が「いまの奥さんがいい」と言います。

妻側とは真逆の回答です。切ないですね。

男性たちは仕事のことばかり考えている分、妻からすると、男としての魅力がないのです。旅行先に行くと、女性の二人連れ、数人単位のグループをよく見受けますが、たまに見かける夫婦の場合、ガイド役はたいてい妻側です。職場でどれだけ輝いていたとしても、プライベートな場でその力を発揮できないなら、意味がないということなのでしょう。

男性は同窓会などで久しぶりに会うとだいたい三つのことを話題にします。

一つ目が髪の毛。禿げた、白髪になったという髪の毛の話題です。

二つ目は、健康話。どういうサプリを飲んでいるか、どんな病気になっているかなどです。

そして三つ目が孫の話。妻の話はしません。これは女性も同じで、夫の話はしないようです。いずれもあまり未来志向とは言えません。

むしろトシを重ねてからのほうが、未来や将来の夢を語れることが大切なのかもしれません。

自分にとって心躍る夢、夫婦で叶えたい夢、両方を持てるとなおいいですね。

さて、余談ではありますが、同窓会の時、どう考えても45歳ほどに見える女性が声をかけてきました。かつてのクラスメートです。

そして「中学時代に岩井君のことが好きだったのよ」と60歳の私に言うのです。

過去にはこだわらない私ですが、この時ばかりは、「そういうことは、もっと早く言ってくれ」と思いましたね（笑）。

第2章 人生の秋をほがらかに生きる

「まあいいか」の幅をじわじわ広げる

止まってばかりの赤信号の人生なんてつまらない

トシを重ねていくにつれ、いい雰囲気に熟成していく人がいる一方で、偏屈じいさん（もちろん、男性に限りませんが）のようになってしまう人がいます。

「だからトシヨリって、めんどくさいのよね」

「また頑固なことを言っているよ」

と陰口を叩かれるようになったら、偏屈老人の始まりです。


では、そうならないためには、どうしたらいいいか。

私は、年齢を重ねるごとに許容範囲、言い換えれば「まあ、いいか」とスルーする範囲を広げていくことをおすすめしています。

許容範囲を広げていくことは、信号に当てはめて考えることができます。

たとえば、青の領域を広げるとどんどん前へ進んでいけますね。この青の範囲が小さくなると、黄色や赤の範囲が増えてしまいます。赤は「止まれ」ですから、この領域が広がるということは、ささいなことにもいちいち引っかかるということ。こだわりも度がすぎれば単なる頑固と言われても仕方ありません。

そんな止まってばかりの赤信号の人生なんて、つまらないと思いませんか?

ですから、自分自身についても、他人の言動についても、「ここまでならまあ、いいか」というゆるしの範囲を広げることを心がけてほしいのです。

自分の「べき、ねばならない」が自分を縛る

許容範囲を小さくしていると、いろいろなことにカリカリしてしまいます。

そもそも、私たちの心にあるShould, Must（べき、ねばならない）という発想が、怒りを引き起こし、自分自身を縛っていくのです。

Should, Must（べき、ねばならない）の代わりに、Not always（必ずしも〇〇とは限らない）と考えてみましょう。そうするとフッと穏やかになれます。

これは論理療法といわれる心理療法からきているものなのですが、この心持ちになるには、訓練が必要です。

ふと「こうでなければ」という気持ちが湧いてきたら、そのたびに「こうは考えられないか？」と自分に問いかけるようにしましょう。

そうすると、「ここで赤信号を点灯させなくてもいいのだ」と気づけるようになります。

そして、だんだん、「もう少し黄色のまま注意しておいてもいいかな」「もう青にして行ってもいいかな」とわかるようになっていくのです。

ぜひ、あなた自身の心を信号に置き換えてイメージしてみてください。

ほがらかに生きるということは、思い込みをゆるめていくことでもあるのです。

過去の自分と比べていらいらしない

トシをとることで生まれる劣等感

なぜ人はトシをとると頑固になってしまうのか。

大きな理由としては、トシをとることによる劣等感の存在があげられます。とくに男性は、他人や、自分自身が立てた目標に対しても劣等感を持ちますが、なかでも一番大きいのは、「過去の自分」の存在でしょう。

輝かしい時間を過ごした過去の自分と比較して「昔はこのくらいのことはできていたのに、いまはできない」という強い劣等感を持つのです。

女性には更年期、男性にはインポテンツというものがあります。女性には理解しがたいかもしれませんが、男性にとってはとてもわかりやすい形で、過去できていたことができなくなるという喪失を感じる体験です。

こういった身体的な原因に加え、なんとなく自分が役に立たないと感じたり、周囲からそれを批判されたりすることが多くなり、自尊心が低下します。やがて、「二度と何かを成し遂げられない」などと不満をためていくのです。

女性の場合には、「シミやシワが増えた、太ってしまった」といった、過去の容姿に対する劣等感が大きいかもしれませんね。ただし、それ以外のことは男性よりも、「若い頃よりもいろいろなことができるようになった」などと自己肯定感を持ちやすいように思います。

男性も、女性と同様に「できるようになったこと」に目を向けてみてはいかがでしょうか？　体力ではかつての自分にかなわないとしても、知識や経験はいまのほうがずっと豊富に持ち合わせているはずです。

過去の自分と比べてできないことにとらわれて、くよくよする必要はありません。頑なな態度を少し和らげてみると、新しいチャンスにも気づきやすくなるはずです。

定期券を買って外に出よう

時々自分を棚卸ししてみる

若く見える人は、夢を持っているとお伝えしましたが、芸能人や現役で仕事を続けている人たちも、年齢よりも見た目が若いですよね。おそらく、見られているという意識がハリをもたらしているのでしょう。

一方、人前に出る機会がないと、どんどん老けこんでいくのも事実です。

ですから、若さを保つには、さまざまな場に繰り出すことです。

行く先々で「知的でいられているか？」「若さを保てているか？」をチェックするといいでしょう。私は、日々この問いかけをしています。

定年を迎えたあとにおすすめなのは、これまでまったく触れたことも関係もない世界に出向くことです。

たとえば、大手電機メーカーの関連会社で常務取締役を経て63歳で定年を迎えたのち、ミツバチの観察をしに海外まで出向いている人がいます。彼にとっては「待ちに待っていた定年」です。SNSを積極的に使いこなす彼は、見た目も若々しく、いいトシのとり方をしています。外の世界を冒険し続けていたり、自分なりのコミュニティーを持っていたりする人は若々しくいられる好例でしょう。

一方で、ある大会社の常務経験者が話していたエピソードは真逆の例です。その会社には昔のOBが来て「昔はこうだった、ああだった」と話をするクラブがあったそうです。現役の社員たちは、迷惑だと思いながらも立場上その話を聞かざるをえない……。

残念ながら、そこに集うOBたちは老ける人の典型です。つまり、社会と関わりを持っているようでいて、実際はなんのリスクもおかさず、いままでと同じ自分のホームタウンにしかいられないというタイプです。こうなるのは避けたいところです。

「きょういく」と「きょうよう」

「知の巨人」と言われる外山滋比古《とやましげひこ》さんは、90歳を過ぎても毎朝定期券を使って電車で出勤していたそうです。そして皇居近辺で必ず新しい場所に行くことが、彼の若さの秘訣だったそうです。

トシをとると家にこもりがちになりますが、あえて定期券を持って出ると、必ず何かがあります。「今日はあっちに行ってみよう」「日比谷公園はどうかな」と考えるわけです。このちょっとした冒険が若々しさを取り戻してくれる秘訣です。

俗に言われる、教育と教養ならぬ、「今日行く《きょういく》」と「今日用《きょうよう》」が大切ということ。ただただ家にいたり、妻にうるさがられてしぶしぶ図書館に出かけたりしているようでは老けていく一方だと心得てください。

私は、いつまでも「出勤する」という発想が大切だと思っています。「通勤」でも「お出かけ」でもいい。外に出ようとするから、日々楽しくいられるのです。

不安の9割以上は起こらない

不安はただのイメージにすぎない

「人生があと何年あるかわからないけれども、いつも不安」という人がいます。
あなたはいかがですか？

不安と聞くと、何か大きなモヤモヤとした黒い塊をイメージするかもしれませんが、実際は未来に直面する何かに対して漠然としたまま実態がつかめず、手立てができていないからこそ不安なのです。
不安は行動に結びつかない、ただのイメージにすぎません。

ですから、不安を解消したいなら、それを焦りに変えてしまうことです。不安が焦りに変わったところで何が変わるのかと、いぶかしく思う人もいるかもしれませんね。

焦る状態に変わるということは、より具体的、現実的な形のある問題に近づいたことを意味します。そこで初めて人は解決に向けて動くことができるようになるのです。

ですから、不安になった時は、そのままにしないで、焦りの状態にまで持っていってしまったほうがいいですね。

焦る老人がいたっていい

まず、何に対して不安か、洗い出してみましょう。

対象が明確ではなく、対処法が見つかっていないから不安なのです。

家族の問題なのか、お金の問題なのか、身体や健康上の問題なのか、はっきりさせることで、「こうすればいい」という対策を立てられます。

焦ることは悪いことではありません。「焦る老人」がいてもいいではありませんか。

焦るにも気力・体力が必要ですから、あなたが焦っている姿を見て、まわりは「あの人は元気だな」と思うかもしれません。

不安を感じる時には、いっそのこと行動してしまいましょう。

これは老人だけでなく、誰にでも当てはまることですね。

そして不安のほとんどは実際には起こりません。

「とり越し苦労」という言葉や、「案ずるより産むが易し」という言葉の通り、案じていても仕方がないので、産み出してしまえばいいのです。

不安を消す最高の方法は、一歩二歩の前進です。

椅子に座っていても不安はなくなりません。

焦って動いて、イキイキと生きましょう。

数病息災ならそれでいい

不調の種は見つけたら対処しよう

「持病が悪化しないか」

「もっとひどくなったらどうしよう……」

そんな思いに駆られて、不安になる人は多いのではないでしょうか？

私はというと、一病息災をあきらめて、数病息災としています。

70歳も過ぎたら、調べれば、病気の一つや二つ、出てくるものでしょう。それでいいのです。

だからといって関係ないと放置するわけではありません。ただ、「何かしら不調の種は見つかるだろう。見つかったら、その都度対処しよう」という心持ちでいるほうが、健康的でいられると思うのです。

周囲のアドバイスには謙虚であれ

突然ですが、男性には、加齢臭がする人としない人がいます。

私は妻との接近距離が近くない人ほど、加齢臭がすると推測しています。私自身はよく妻とハグをするのですが、そこで体調や身だしなみのチェックを受けているのです。そして、3カ月に1回は内科と歯と目のチェックをして、毎月1回は整体に行き、ボディチェックを受けます。

トシをとって問題になるのは、周囲からの助言を受けなくなってしまうことです。孫でもいれば「おじいちゃん、くさい」と言ってもらえるかもしれません。でも、孫と接する機会が盆暮れだけというご家庭では、チェックの回数が少なすぎますね。

また、周囲からのアドバイスには、謙虚でなければいけません。これは、晩節を清めるには、「アドバイスに謙虚であれ」ということにも通じますね。

病気は、身体からの進言です。高血圧も、血圧という形で出ているデータをどう読み取るかです。体重もそうですね。私たちはいろいろなところから「あなたはこんな状態ですよ」というアドバイスを受けています。

そう考えると、持病があるということは、定期的にチェックできる機会があるということになるので、決して悪いことばかりではありません。

身体からのアドバイスに耳を傾けるつもりで、病気と付き合いましょう。

9マスに今年の目標を書いてみよう

9マスの内容は自由に決めていい

みなさんには目標がありますか?

いきなり「目標」と言われると構えてしまうかもしれませんが、元旦に誓う「一年の計」や初詣でお祈りする内容と言い換えてもいいかもしれません。「今年はこんな年にしたい」くらいの気軽なものでも立派な目標です。

私は、毎年マンダラートという縦横3マス、合計9マスの表のなかにさまざまなその年の目標を書き込んで、それがたしかに進んでいるかを、たびたびチェックしています。

やり方は簡単です。まず最初に中心のマスにスローガンを書き入れ、続けて、残りの8つのマスに自由に決めたことを記入します。

たとえば、仕事、家族、交友（仲間）、レジャー、健康（心身両面）、学び（教養）、社会貢献、経済（金銭）など。

私の場合、真ん中には「継続的にイノベーション」という自分自身と会社のスローガンを書いています。上の段は左に生活、中央に心理学研究、右に経営の研究。中段の左が健康、右が会社経営。下段の左が人間関係、中央が経済、右はその他（今年は家族の絆）のテーマがあり、そのなかで具体的な目標を二つ三つ決めています。

たとえば健康のテーマでは、血圧正常化・筋トレ。生活では月4日休む・睡眠時間の確保などです。

もちろん、目標達成のためにガツガツと進める必要などありません。

同じ風景が続く平坦な道を進むのは穏やかであるけれど、一方で案外退屈なもの。メリハリをつけたり、道標の一つとして、9マスのマンダラートを上手に活用してみてください。

■　マンダラートの例

生活	心理学研究	経営の研究
健康	継続的にイノベーション	会社経営
人間関係	経済	家族の絆

つらいことが続くなら「眼鏡」のゆがみを疑おう

誰もが自分特有のものの見方をしている

物事の見え方は、一人ひとり違っています。

アドラー心理学では、誰もが自分特有のものの見方をしているとみなしています。ですから、客観的な意見など存在しないし、そもそも意見というものはゆがんでいるものなのです。

でも、ゆがんでいることが悪いわけではありません。そのことをきちんと認識していればいいのです。

誰もが自分特有の「眼鏡」で物事をとらえているのだとしたら、他者からはそれがどう見えるのかについては、当然、聞いてみなければわかりません。きっと違う見え方をしているはずです。

何事も、ただの自己満足で進めてしまうと方向性がずれていくもの。

私は研修をするたびに「ここまでのところで、改善すべき点はありませんか？」と謙虚に尋ねるようにしています。

そこで「声が聞き取りにくかった」「少し内容が、難しかった」という意見が出てきたら、すぐに次回以降に反映させるようにしているのです。

ただし、例外もあります。以前こんなことがありました。

私の研修はワークショップ形式なので、そもそも資料の通りには進みません。そうしたらある時、主催会社から、「順番通りにやってもらえないので困惑していた人がお一人いらっしゃいました」と言われたのです。

複数の同じような意見が出る時は、こちらの問題点として対応をしなければいけませんが、一人の場合、それはその人の特有の眼鏡をかけている可能性があります。こんな時は、ほかの人がどうなのかを確認しましょう。

ほかに同じような意見の人がいない時は、私は自分のやり方を通してもいいと思います。なぜかというと、同じ人がまた研修を受けにくるわけではないからです。

少数の意見にいちいち動揺しなくていい

統計で見れば、少数意見を言う人は必ずいます。

ですから、少数意見をすべてだと思い込まないことが大切です。

アドバイスを聞くことも重要ですが、おおよそどうなのかということも見落とせません。「おおむねこちらの傾向がある」「おおむねこのような評価だった」と言われた時には、それに従えばいいのです。

一人の意見のためにすべてを変える必要はありません。

このあたりのことをわからないと、一つひとつすべてのことに動揺してしまいます。

ほかにも、こんなエピソードがあります。

ある時、私のブログのコメント欄にこんな書き込みがありました。

「先生のカウンセリングを受けて失望しました」

書き込んだ方は、たしかに私がカウンセリングを担当した方でした。その方に、親の墓参りをして、墓前でうらみつらみなど思いの丈を書いた手紙を読み、燃やして帰ってきなさいとアドバイスしたことを、「宗教的な強制のような気がします」と猛然と抗議してきたのです。

それを読んで、私もとても残念な気持ちになりました。

お墓の前で一連の行動をするこの手法は、何もスピリチュアルでも宗教的な儀式でもなく、亡くなった親に対するゆるせない気持ちを手放す心理的なテクニックです。当然、アドバイスする際に説明もしたのですが、どうやら伝わっていなかったようで、とりつくしまもないようです。コメント欄を通じてもう一度意図をお伝えし、コメントをいただいたことに感謝を申し上げるほかありません。

こちらが手を尽くしても、その人の眼鏡を通じて曲解してしまうような場合、最小限の対応にとどめるほかないのです。

過去を批判勢力にしない

意見と批判と非難の違いとは

過去を振り返る時、「あぁ。あの時の自分はバカだった」「もっとこうしていればよかったのに選択を間違えた」と、自分自身を批判してしまうことはありませんか？

もしも心あたりがあるなら、ぜひこの項を参考にしてください。

意見と批判と非難という言葉があります。これらは、何かを表明するという共通点はありますが、それぞれ異なる意味を持っています。

意見とは、おもに、「何かに対する考え」です。自分の考えを伝えて相手の考え方や行動を変える手立てとなるもの、という意味合いも含んでいますが、相手を人格否定する意図まではありません。

批判とは、物事を検討して、評価すること。「人の言動の誤りや欠点を指摘し、正すべきであるとして論じる」という意味合いを持っています。これが批判の原点で、攻撃的なニュアンスも入っています。

非難になると、人の欠点や、過失などを取りあげて責めるところまで達します。ここまでくると、人格否定の領域に突入することもあります。

つまり、意見→批判→非難と段階を踏むごとに、否定的かつ人格攻撃的になってくるのです。

過去は自分がつくりあげた物語にすぎない

私たちはどうして自分を苦しめてしまうのでしょうか。

それは、自分の過去を、批判したり非難したりするからです。

過去の物語は、自分の意見の集大成で、自分がつくりあげた物語にすぎません。過去の材料を使ってどんな物語につくりあげるのかは、自分次第なのです。

では、どうすれば物語をいいものにできるでしょうか。

まずは、「過去に起きた事実はやむを得ないことだった」と、ただ受けとめてみましょう。

そのことをもって自分を批判したり、非難する必要はありません。

「過去すら変えられる」という発想を持っているのがアドラー心理学です。

「過去が現在に影響している」と受け取るから、人は過去を批判勢力にしてしまうわけです。自分の受け取り方次第で、嫌だった過去を、よかった過去に変えることができるのです。

いつまでその失敗を抱き続けるのですか？

一つ例をあげましょう。大学受験に失敗してしまい、長年自分のなかでその失敗を引きずってしまっているとします。この場合、二つの対処法があります。

一つは大学を受験し直すこと。もう一つは次の成功事例をつくることです。大学で志望校に入れなかったなら、大学院に入って学びを深めればいいのです。一流大学でも、大学院のほうが入りやすいともいわれています。

「いつまでその失敗を抱き続けるのですか？」ということなのです。

「お父さんは、第一志望の大学に受からずにこんな人生を送っています。あなたはその息子です……」というように、子孫にまでその失敗を語り継がせるのでしょうか。

そんなことをしていたら、少々滑稽ですよね。

過去の失敗は、笑って終わらせればいいのです。笑いのなかに最高のゆるしのエネルギーがあります。過去を泣くのではなく、笑いましょう。笑いとともにゆるしてしまいましょう。心理学的にも医学的にも、涙の治癒力より笑いの治癒力のほうが高いことが証明されています。過去にこだわり続けることは、自己満足でしかありません。

「思い出の家」との決別

じつは、私にも、長年持ち続けていた「自分を批判する物語」がありました。

それは、前妻と結婚していた頃に建てた住まいとの別れです。

実家から材料をたくさん運んできて、36坪の総檜造りにした、とても思い入れのある家でした。その家を離婚によって手放さなければいけなかったことが、私のなかにずっとしこりとして残っていました。

別れた妻がその家を売ってしまっているので、現在の住人が昔の知り合いといえども「お邪魔します」と気軽に入るわけにはいきません。でも、家そのものはそのまま建っていることを知っていましたので、その市内で研修があった機会に30年ぶりに足を運んでみたのです。

周囲には建物が並んでいて、昔とはまるで別の土地のようで、私は道に迷ってしまいました。やがて、年子の娘と息子を乳母車に乗せてよく訪れていた神社が見つかりました。家の南側の畑だったところには家が数軒並んでいました。

やっと探し当てた路地の突きあたりに、かつての我が家はそのまま残っていました。その瞬間のこと——。

私の心のなかに「終わった」という言葉が落ちて来たのです。「浮かんだ」ではありません。まさに「落ちた」のです。映画のフィナーレを迎えるように、エンディングの音楽と映像の後に照明が明るく灯ったのです。

すると、私のなかで思い入れのあったその家は、完全に過去のものとなりました。建物（モノ）としての家への執着には、私なりの心の物語（コト）が深く根を下ろしていたことに気づきました。単に頭のなかで思い出や後悔に執着していただけだった。それが、実物を目の前にすることで逆に思いすごしでしかなかったと気づいた貴重な体験となったのです。

この経験を通じて、私のなかで強い思い入れのあったその家は、完全に過去のものとなりました。

物語はいつでも書き換えることができる

私たちを悩み苦しめるのは、その事実にまつわる意見です。

「あぁすればよかった」「もっとこうしたほうがいいのに」というのは意見です。

大切なのは、「意見」ではなく「事実」に戻ることです。

「もう自分のものではない。ほかの人が住んでいる。そして、自分はいま、違う場所にそこそこの一軒家を手に入れて幸せに住んでいる」

これが事実です。

事実に立ち返ると、いままで握りしめていた物語は、過去の栄光をともなう思い出話でしかないことに気づきます。それを引きずる必要はないのです。

私は、離婚した時、生涯子どもたちとは会えないと思い込んでいました。ところが現在では、普通に会って言葉を交わせる関係に変わっています。過去の出来事にまつわる意見というのは、時代を経てみると、ほとんど現実にならなかったわけです。事実は事実でも、意見は現実化していない。

現実化していない意見を、そのまま物語として残しているのは、ただの幻想にすぎません。

このように、物語は書き換え可能なものです。

古い物語に酔いしれるか、新しい物語をつくっていくのか、それは自分で決められることです。

ただ、古い物語を無理に消そうとすると、苦しくなってしまいます。

ですから、消そうとはせず、物語の後半をよりいっそう盛り上げるためのスパイスの一つにしてしまいましょう。そのほうがずっと、豊かではありませんか。

心の傷を自分で手当てする

心の傷は何年たっても深く残ることがある

気づけば気にしてしまう。なんだか落ち着かない。

あなたには、そんな、いつまでも消えない心の傷はありませんか？

自分が何に執着しているかは、物語を書いてみたり、一枚のスケッチを描いてみたりするとわかるものです。

心に受けた傷は、いつになっても本人の心に深く残ることがあるものです。

たとえば、いまはおだやかな生活を送っていたとしても、子どもの頃虐待を受けていたとしたら、心のなかには「虐待の思い出」が残っているはずです。

私が過去に支援していたある子どもは、父親から虐待されていた時のことをはっきりと覚えていました。米俵に詰められて逆さまにされ、外側からガンガン叩かれたことを覚えていると言いました。

映像と痛みを覚えているのです。目に入るものや声、音、痛みの感覚、味、匂いといった五感に訴求するものは、記憶にとどまりやすいからです。

傷はそのままに物語の書き換えを

心の傷をそのままにしておくのはあまりおすすめできません。なぜなら、傷が気になって前を向けないからです。

シェイクスピア劇に出演していた俳優の友人に、喜劇と悲劇の差について尋ねたことがあります。彼によると、その差は、フィナーレにあるそうです。途中、どんなことがあろうがハッピーで終わると物語は喜劇になり、ロミオとジュリエットのように、ロマンスがありながらも悲しい結末を迎えると悲劇となる。

それであれば、いっそのことよいラストを迎えるために、心の傷は傷として直視して物語の書き換えをしましょう。

もし、心の傷に心当たりがあるなら、いっそのこと、その傷をしっかりと見てみるのです。心の傷を冷静に見つめられるようになれば、解放されたも同然です。

ストーリーの途中で、愛する誰かと別れてしまったというドラマがあってもいいのです。悲しかったことがあってもいいのです。

最期の瞬間は、まだ訪れていません。

人生の最期は、まだこれからいくらでも自分で決められるのです。

老いることで身につく「ゆるしのセンス」

恨みとはいつまでも続く怒りのこと

ゆるすというのは、難しいテーマかもしれません。

たとえば、自分の人生に大小の傷をつけてきた人をゆるせるようになるのか、いつまでも恨みの気持ちを抱いたまま生きることになるのか。これは、人によって分かれるところではないでしょうか。

恨みとは、いつまでも持続する怒りのことです。アンガーマネジメントでは「怒りのピークは6秒」と言われますが、それがずっと続くと恨みに変わるのです。

そして、恨みは依存の心理でもあります。それも、満たされることのない底なしの依存です。たとえ恨まれている側が何かをしてあげても、受ける側は「その程度では償いになっていない」と恨み続けるのです。

長い間、恨みを握りしめていると、ついそれに慣れてしまって手放すタイミングを逸してしまうことがあります。でも、「本当にその恨みは必要なのか？」「償いを求め続けるのは、いいことなのか？」「それで幸せなのか？」

そんな問いかけを、自分にしてみるといいかもしれません。

どんなにゆるせないと思っていたことでも、時間が解決してくれることもあります。

老いることでゆるせることもあるのです。

「いろいろあったけれど、まぁいっか」と、トシを重ねるごとに、ゆるせる大人でありたいものですね。

過去や現在からの卒業

卒業＝終わり、ではない

かつて大学の学部の卒業式で当時の学部長から贈られた卒業生へのはなむけの言葉がいまでも忘れられません。

その学部長はこんなことを言っていました。

「英語で卒業をgraduation（グラデュエーション）やcommencement（コメンスメント）と呼ぶ。これは『終わり』を意味しない。graduationは、grade（ランク、レベル）が一段上がること、commencementは『始まり』を意味する。学びに卒業はない。

折節《おりふし》にランクがアップしたり、新たな気持ちで始めなければならないことがあるだけだ。諸君、どうか自分のランクを一段上げて社会に出たことを契機に新しいことを始めてほしい」

自分の過去が清算できない人、現在のどろどろした状態を抜け出られない人、明日に向けて羽ばたきたいのに羽ばたけない人に、この、50年前に聞いた話をすることがあります。

この言葉は「卒業＝終わり」と受け取る人にとって異質な響きを持つようです。

この言葉をありありと記憶している私は、退職を「脱サラ」ではなく「卒サラ」とみなしました。やるべきことをやり遂げ、新しいステージに入ったととらえることができたのです。「卒業＝終わりではない」、むしろ新たなステージへの参入、自分のグレードアップとみなすことができれば、体験したことの価値をより高めることができます。

学んだことは決して無駄ではありません。ランクを上げ、そして何かを始めることで、こだわり続けていた過去に終止符を打てるかもしれないのです。

自分の「欠点」を言い訳にしない

「引っ込み思案」にもたくさんのメリットがある

たとえば、「自分は引っ込み思案だから」「大勢といると気後れするタイプだから」「腰が重い性分で……」などと自分から動かず、現状維持や相手からの働きかけをただひたすら待つ人がいます。

ですが、もしも、あなたが自分の性格の負の部分、欠けた部分を言い訳にして動かないとしたら、じつは非常にもったいないことをしているのです。

たとえば、「引っ込み思案」という性格を前向きにとらえるならば、「状況を観察する人」と言えます。まず、ほかの人が進んでいる姿をじっくり見て「これはしくじるな」「これはうまくいくかもしれないな」と、観察している分、なかなか前に出ていきません。また、他者に活躍の舞台を与える人とも言えます。自分が出ていくより、ほかの人にチャンスを与えているわけです。

このように見るならば、引っ込み思案な性格には、たくさんのメリットがありますし、必ずしもそれが人付き合いに悪い影響を及ぼすとは限りません。

何を隠そう、私も引っ込み思案です。性格診断をするとかなり内向的だという結果が出てきます。末っ子なので、状況をよく観察します。

末っ子には、上にきょうだいのモデルがいて、その人たちをしっかりと観察しながら育つ強みがあります。それに輪をかけて、引っ込み思案であることによって場を観察する能力が加わります。そうとらえると、引っ込み思案は、別に末っ子でなくとも状況観察力があるという強みを持つともいえます。

残されたものを最大限に生かす

ほかの性格の場合はどうでしょうか。

いわゆる気が散りやすいタイプは、散漫力があるわけです。

私は散漫力学習法というのを編み出して、じっくり一冊読むのではなく、この本、あの本と、並行して複数の資料から学ぼうとします。一つの仕事を2時間やり続けられません。仕事を一度で終わらせずに何回かに分けて行えるのは、散漫力の強みです。コマ切れに分けたほうが、精度の高い仕事ができることもあります。

大切なことは、どんな性格も、強みとして生かすことです。

「何が欠けているか」にばかり注目するのではなく、あるものをどう生かすかを考えるのです。

「失われたものを数えるな。残されたものを最大限に生かせ」

とは、パラリンピックの創始者であるルートヴィッヒ・グッドマン博士の言葉です。

アドラーは、器官に障害を持つ子どもに対して「何を持って生まれたかではなく、与えられたものをどう使うかである」という言葉を残しました。

ないものを嘆く人がいかに多いことか。欠けた部分ばかり見るのではなく、ないものも含めて自分です。残されたものを最大限に生かし、「あるもの使い」になりましょう。

前向きな口ぐせで自信をつける

最期の「ありがとう」で積年の恨みが消えた!?

トシをとって、ぼやきが多くなった。そんな実感はありませんか？　せっかくぼやくのなら、「ありがたいね」というセリフを、もっと言ってほしいのです。

私の母は、代々続く本家の後継ぎと結婚した分家の娘で、父とは又従兄妹《またいとこ》同士での結婚でした。おまけに、父には親が決めた許嫁《いいなずけ》がいたのに、熱烈な恋愛で結婚に至った経緯がありました。嫁ぎ先には、祖母という強力な仕切り役がいます。待ち望んだ子どもがなかなかできず風当たりも強かったことでしょう。その後、５人の子どもたちを産み育てた母は、病弱なところもあって祖母から冷遇されていました。美人だったので、祖母からの嫉妬《しっと》があったのかもしれません。

ところが、亡くなる時、祖母は、母の手を取って息を引き取りました。実の息子もその場にいたにもかかわらず、です。その時、母のなかで、積年の恨みがすべて消えたのです。「ああ、いいおばあちゃんだった」と。

その母は「息子にお嫁さんが来て同居しても、あのおばあちゃんのようにはしない」と言っていましたが、実際に嫁を迎えると「歴史は繰り返す」の言葉のとおり、新たな嫁姑戦争が始まることになったのです。

晩年になり、母は認知症になって息子たちの名前をすべて忘れてしまいました。でも、そのお嫁さんの名前だけは忘れません。そして「〇〇さん、ありがとう」と、「ありがとう」を唯一覚えているお嫁さんの名前に添えてたくさん言って亡くなっていったのです。すると、お嫁さんも「あんなにいいお母さんはいなかった」と言うのです。

やはり、肝心なのは舞台の締め方です。「ありがとう」で終わると、当然、その人のイメージは「いい人だった」になります。逆に、恨み節で終わると「早く逝ってくれてよかった」「なんであんなに長く……」となってしまいます。

生活を明るくする天使のささやき

これは普段の生活の中でも同じこと。ちょっとした言葉の選び方で、周りの印象だけでなく、あなたの心持ちも変わるのです。

「この頃忘れっぽくなってきた」「やはりトシには勝てない」「また、感情的になってしまった」。こんなつぶやきを、私は「悪魔のささやき」「呪いの言葉」と呼んでいます。これを毎日聞かされる自分の身にもなってみてください。だんだんと気持ちがふさいでくるのも仕方がありません。先の「ありがとう」の例のように、これを「祝福の言葉」「天使のささやき」に変えてみませんか?

前向きな口ぐせは、他人との関係だけでなく、自分を勇気づけ、トシを重ねた自分にふさわしい自信を与えてくれるのです。

■　天使のささやき・悪魔のささやき

天使のささやき	悪魔のささやき
□もう自分をゆるしてもいい □自分なりにここまで来た □必要なものは備わっている □たまには感情的になってもいい □嫌なことは嫌と言っていい □たまにはゆったりしていてもかまわない □失敗することがあってもいい □弱音を吐いてもいいじゃないか □自分にはなすべき仕事がある □自分は運に恵まれている □こんなこと何度も体験済みじゃないか □私にはたくさんの協力者（仲間）がいる □他人の目なんて気にしない □いざとなったら相談できる人がいる □人と比べなくて結構 □一人で頑張らなくていい □ドンマイ、ドンマイ □なせばなる	□この頃忘れっぽくなってきた □やはりトシには勝てない □お先、真っ暗だ □自分はどうしようもない人間だ □失敗ばかりしている □また感情的になってしまった □こんな自分なんて、いないほうがいいんだ □また、怠けてしまった □どうせ、嫌われ者だ □周囲は敵ばかり □他人の目が気になって仕方がない □誰も私の話を聞いてくれない

人生は楽観主義がうまくいく

悲観主義は気分、楽観主義は意志

あなたは、悲観主義と楽観主義、どちらのタイプですか?

両者の違いについて、少し解説しましょう。

楽観主義者（オプティミスト）と悲観主義者（ペシミスト）の研修を25年続けて『オプティミストはなぜ成功するか』（講談社文庫）を書いたM・セリグマンという心理学者がいます。彼によると楽観主義者（オプティミスト）は、悲観主義者（ペシミスト）と比べると、うつ病の罹患率が低いだけでなく、学業、ビジネス、スポーツ、平均寿命などで優位性があることを書いています。

悲観主義者（ペシミスト）は、悪い事態が起きるとそれは長く続き、自分は何をやってもうまくいかないだろうし、自分が悪いからだと考えます。一方で、よい事態は他の要因のおかげで、一時的、しかも今回限りのことだろうと考えます。

しかし、楽観主義者（オプティミスト）は、同じような不運に見舞われても、敗北は一時的なもので、その原因もこの場合に限ってのことだと考えます。一方で、よい事態に対する受け止め方はまったくその逆で、自分の力が及んだためで、長期間続き、他にもよいことが到来する、と受け止めます。

本来、悲観主義は気分中心で築かれるもので、楽観主義は意志によって築かれるものです。ところが、この楽観主義を誤って理解している人が多いように思います。

たとえば、「いまはいい感じだから、これでいいんだ」と気分で感じる場合。これは楽観主義ではなく、単なる楽天主義です。

楽観主義と楽天主義は似て非なるもの

気分で判断してしまう楽天主義の発想は非常に危険で、「いい感じだから、これでいいんだ」とゆるしてしまうと、危険を回避することができなくなってしまいます。世の中にはリスクがつきものなのに、リスクを見ようとせず「なんとかなるさ」と考えることはとても危険です。

ですから私は、現実的な楽観主義をおすすめしています。

「こういう危険な要素がある」「自分のなかにちょっと懸念点がある」というリスクを見ているからこそ、「自分がいまできる最大限のことをしよう」と楽観主義になれるのです。

健康についても、つい楽天主義になってしまっていませんか？

「健康診断で引っかかってはいるけれど、いままで5年間何もなかったから、このままでいいだろう」と考えてしまう人は多いものです。

私の次兄は数年前に亡くなったのですが、最期に「毎年健康診断をちゃんと受けていればよかった」と言い残して逝きました。それまでずっと健康で、野菜もたっぷり食べていて、子どもの頃から丈夫で「あの人が一番長生きするだろう」と言われていました。それで、健康診断を受けずにいたのです。結果として、病がずいぶん進んでから発覚しました。

健康な人ほど、油断して楽天的になってしまうので、気をつけたほうがいいかもしれません。


仕事に置き換えることもできますね。

「これはうまく進んでいるだろう」「きっとやってくれているだろう」と楽天的に進めていると、ある時大きなミスを招いたりします。

人間関係にも当てはまります。たとえば、信頼している係長を課長に昇格させたところ、その部下たちから反乱が起きたりすることもあるでしょう。

ダチョウは危険が迫ったときに砂のなかに頭を入れると言われています。

同様に、人には、怖いことから目をそらしたりそのまま放っておきたくなったりする気持ちがあります。

そんな特性をふまえ、、現実を直視したうえでの楽観主義が必要なのです。

なんでもかんでもケチケチしない

長いこと「お金の呪い」にかかっていた私

ケチケチ老人ほどさもしいものはありません。かといって、後先考えず派手に散財したり、さほど余裕がないのに気前よくふるまえということではありません。ケチケチするのでも大盤ぶるまいするのでもない、ちょうどいいお金との付き合い方というのは案外難しいもの。では、どの程度がちょうどいいのでしょうか。

それは、一点豪華主義です。

そういう私も長い間、お金を使うことに対する罪悪感があり、お金と上手に付き合えてきたわけではありません。

じつは私は、お手伝いさんが二人いて、書画、骨董、刀剣がふんだんにあり、16の部屋数があるほどの屋敷を構える裕福な家庭に生まれました。ずっとお金に困ることのない生活をしていましたが、その頃からわが家にはデパートで値引き交渉をするという習慣がありました。値引きができない時には、何かオマケをもらうよう交渉することもありました。たとえば、靴を買ったら靴墨をもらうといった具合です。

そんなわが家に大きな変化が訪れたのは、大学1年生の2月のこと。父の会社が倒産して、急に仕送りがなくなりました。生活のためにアルバイトを三つこなしていたこともあります。そこでしみったれた自分になっていたのです。当然、お金を使うことはよくないという考え方も増長し、結婚後も続くことになりました。

長いこと続いた根深い「お金の呪い」が解けたのは、妻の一言がきっかけでした。

「なぜ古い背広を後生大事にして、うらぶれた飲み屋に行くの？」

「現状は違うのだから現状に合わせたあなたになったらどう？」

と言われたのです。確かに言われてみれば、収入もそれなりにあるし、ステータスもある……だんだんと素直に妻の言う通りだと思えるようになりました。

出張先のホテルもできるだけ安いところを探すクセがあったのですが、「仕事で十分な力を発揮するために必要な投資だ」と考え、それなりのクラスのところに泊まるようになりました。

そうしているうちに、身の丈に合った自分の価値を、自らの過去の体験で引き下げる必要がないと気づくことができました。

普段は倹約。ここぞという時にしっかり使う

つまり、ケチくさくしているということは、自己価値観を下げることになるのです。

とはいえ、全部を豪華にするとただの贅沢になってしまいます。

一点豪華主義で、年に数度は「おぉ！　やった！」と思えるような、自分へのご褒美があるといいのです。使う時にしっかり払いましょう。

私は、死ぬ間際に慌てたり子どもに面倒をかけるのが嫌だなと思って、数年前に自分の墓地と墓石を手に入れてしまいました。墓石は決して安くない買い物ですが、そ

の時の選択肢のなかでも、いい墓石を選びました。これが一点豪華主義です。

もちろん節約は大切です。しかし「貧乏」と「貧乏くさい」は違います。

本当の大金持ちはしっかりと節約をしています。私の父は大金持ちで、ここ一番の時は大きく投資する実業家でしたが、日々の生活ぶりは慎ましく、割引させることは得意でした。私たち子どもにも、「古くなった石鹸は、新しい石鹸にくっつけて使いなさい」と倹約の大切さを教えてくれました。

生活のすべてがケチくさくてしみったれてしまうと、しみったれた自分になってしまいます。トシをとってしみったれていたら悲しいでしょう。

「本当はこういうことができるんだ」ということが、一つあればいいのです。

普段の生活は慎ましいけれど、年1回は旅行に出かけよい宿に泊まるとか、衣服や外食にはお金はかけないが、普段の食事ではいい食材を使う。結婚記念日には豪華に祝うなど、それぞれの一点豪華主義でいいのです。


さぁ、ケチケチ老人とは、おさらばしましょう。

第3章　人間関係はほどほどがいい

トシをとったら第一印象を疑ってみる

相性の2：6：2の法則

何十年も生きていると、誰だって一人や二人、反りが合わない人に出くわすものです。

何を隠そう、私にも、何人か思い浮かぶ顔があります。

反りが合わないということは、つまり相性が悪いということです。

相性には2：6：2の法則というものがあります。

とても相性がいい人が2割、どちらともいえない普通の人が6割、どうしても合わない人が2割。

どんな人にも、必ず2割は反りが合わない人がいるもの。

あなたがそうなら、他人も同じ。どんな聖人君子だって「相性が悪い2割」に分類されてしまうことがある。そう考えれば、気もラクになりませんか?


では、いったいどんな人が、どうしても合わない2割に分類されるのでしょうか?

人は、ただ目の前の人だけを見て、その人の印象を決めているわけではありません。

その人と誰かを照らし合わせ、そのうえで「この人は、あの類の人だな」と位置づけているのです。そうやって分類していると、自然と、反りが合わないという人も一定数出てきます。

合わない人を見ていると、たとえば「嫌だった上司に似ている」「苦手な親戚のおじさんに似ている」など、どこか重なる部分があるはずです。

自分のなかに、相性の悪いBOXと相性のいいBOXがあると思ってください。

私たちは誰かと対峙している時、自分のBOXのなかにある「似ている誰か」を連想して、引っ張り出しているのです。

ですから、実際に話してみるまで、本当に合わないのかはわかりません。外見が似ていても、性格まで似ているのかはわかりませんし、「いったんこう思ったけれど、全然違ったな」ということもあるでしょう。これが第一印象の怖さです。

「人の印象は、一瞬の第一印象で決まる」といわれているのは、人は誰かと会った時に、必ず仮説を立ててそれを実証する心理プロセスを持っているからです。ただ、そこから印象を変えることはできます。

これからは、「第一印象を疑え」です。

苦手な相手との付き合いは「お仕事」だと思えばいい

人に対して第一印象を抱くのは自然なことですが、そこで決めつけてしまわないこと。たとえば苦手な人がいる時、ライフタスク（4ページ参照）のうちのワークタスク（仕事の課題）としてとらえてみるのもいいでしょう。「この人と付き合うのはお仕事だ」と思うのです。

この感覚が、健全なお付き合いにつながります。深く親しく付き合わなくてもいい

毎日新聞出版　愛読者カード

本書の
タイトル「　　　　　　　　　　　　」

●この本を何でお知りになりましたか。

1. 書店店頭で　　　　2. ネット書店で
3. 広告を見て（新聞／雑誌名　　　　　　　　）
4. 書評を見て（新聞／雑誌名　　　　　　　　）
5. 人にすすめられて　　6. テレビ／ラジオで（　　　　）
7. その他（　　　　　　　　　　　　）

●どこでご購入されましたか。

●ご感想・ご意見など。

上記のご感想・ご意見を宣伝に使わせてくださいますか？

1. 可　　　2. 不可　　　3. 匿名なら可

職業	性別 男　女	年齢 歳	ご協力、ありがとうございました

郵 便 は が き

料金受取人払郵便

麹 町 局
承 認

1763

差出有効期間
2022年1月31日
まで

切手はいりません

102-8790

2 0 9

(受取人)
東京都千代田区
九段南 1-6-17

毎日新聞出版

営業本部　営業部行

ふりがな	
お 名 前	
郵便番号	
ご 住 所	
電話番号	(　　　　　)
メールアドレス	

ご購入いただきありがとうございます。

必要事項をご記入のうえ、ご投函ください。皆様からお預かりした個人情報は、小社の今後の出版活動の参考にさせていただきます。それ以外の目的で利用することはありません。

ので、その時に上手にやり過ごせればいいという考え方です。

たとえば、親戚や知り合いに反りの合わない人がいる時も、

「○○さんから学ばせていただいています」

と言って切り抜けます。冠婚葬祭や家族行事の時にだけうまく付き合えれば、その時以外は積極的に会うこともないでしょう。このようなことは誰にでもあるもの。すべての人から好かれようとするからおかしくなるのです。

学歴自慢・家柄自慢は異臭だと思って受け流そう

学歴自慢は優越コンプレックスの産物

寿司屋のおじさんから聞いた、こんな話があります。

その当時の事務次官が逮捕される事件があった時のこと。東大卒だというお客さん二人が「あの次官逮捕されたな。二浪だしな」と寿司屋のおじさんに話しかけてきたそうです。

ところが、一人がトイレに立つと、席に残った一人がおじさんに一言。

「あいつは一浪だけど俺は現役だ」

こうして文章にすると滑稽ですが、当の本人たちは真剣そのものです。

こんなふうに人は学歴にこだわって、「自分はあいつよりいい大学を出ている」と優越感に浸ったり、逆に引け目を感じたりします。もう40年近くも昔の話だというのに。自分のものならまだしも、パートナーや子ども、はたまた孫の学歴が自分のものだといわんばかりの人も少なくありません。

これらは、アドラー心理学でいう劣等コンプレックスと真逆の優越コンプレックスが生み出したもので、自分のすごさをアピールする心理です。

その対象は学歴に限りません。自分の人脈、家柄などを誇りたい人は決して少なくありません。あなたの周りにも一人や二人はいるのではないでしょうか?

聞かされるほうからしたらわずらわしいものですが実害はありませんので、誇りたい人には誇らせておけばいいのです。異臭のようなものだと考えてみてください。一瞬にして過ぎ去るものなので、影響を受ける必要はありません。異臭に、いちいちイライラしなくていいのです。そもそも優越コンプレックスの人は、自分を実態以上にひけらかしたい虚栄心が見え隠れしています。アドラー心理学では、根深い劣等感が潜んでいる、競合意識の表れとみなしています。

よくニュースになっているあおり運転も、こちらが負けまいと競争意識が前面に出るからイライラするのです。抜かれても気にせず過ごせばいいのです。

「自慢された」「見下された」と感じているのは誰？

ここから先は少し耳が痛いかもしれませんが、とても大切なことなので聞いてください。

では、異臭がただよってきたとして、そのにおいをくさいと感じているのは一体誰なのでしょう？

それは、あなたですね。

じつは、「自慢されている」「見下されている」と感じるのは、すべて本人の受け取り方の問題です。つまり、課題は受け手自身にあるのです。

強調しておくと、自慢されている、見下されているように「感じる」ことが原因です。相手が本当に見下しているかどうかはわかりません。そう感じるのは自分次第です。

仮に、相手が明らかに見下している態度だとしても、こちらが見下されていると思わなければいいのです。

見下されていると感じる時には、相手から言われた言葉を、別の言葉に言い直してみましょう。

たとえば、「おたくの息子さん、親孝行でうらやましいけど、早くお嫁さんの顔も見たいわよね」なんておせっかい混じりに言われた時はどうしますか？

むっとするかもしれませんが、正面切って反論する必要はありません。

「家の居心地がいいというのも良し悪しですね」などと、さらりとかわしておく程度でもいいのです。

では、人からあきらかに批判や非難を受けた時には、どうすればいいでしょうか。

以前、私自身にこういうことがありました。

離婚して実家に帰った時、あまり会うことがない親戚の人が法事の席で「離婚した奴にろくな人間はいない」と言うのです。もちろんいい気分はしませんでしたが、私はアドラー心理学を学んでいたので、ふと、「これはその人の意見であって、別にそれは私の離婚への批判や非難だととらなくていいのだ」と考えました。その人の勝手な解釈なのだから、それをどう受けとめるかは自分次第だと思ったのです。ですから、私はこの意見を受け流すことにしました。

つまり、非難や批判ととるか、勝手な解釈ととるかはこちら次第だということです。そして、いずれの場合も、「この人はいつもこのパターンね」「違うことも言ってみろ」というようなことを、相手に直接言わず、心のなかで唱えればいいのです。

健全な「面従腹背力」を身につける

自分の意見を言いたがったり、相手を悪く言ったりするタイプの人は、自分が上にいたいという支配性の心理を持っています。そこから派生して、「よかれ」と思って助言をしたい人、解釈したい人などはいるものです。

カウンセリングの心構えとして「ニーズなきところにサプライ（供給）なし」とい

う言葉があります。

あなたが必要ないと思うなら、相手が押しつけてきた助言に「そうですね、ありがとうございます」と言っておいたうえで、実際には聞かないという選択肢もあります。それを真に受けて「やらねばならない」と思い込む人がいますが、言った相手はわざわざ実行したかどうかをチェックしに来たりはしません。

いわゆる健全な「面従腹背」力を身につけることです。

若い頃ならなんだか悔しくてできなかったかもしれませんが、さまざまな経験を積んだいまのあなたならきっとできるはずです。

他人を振り回す人にはショック療法で対抗！

相手の不機嫌が自分のせいだと思う必要はない

何歳になっても、いや、トシをとって頑固になったからなのか、ちょっと気に入らないことがあるとすぐに不機嫌になったり怒ったりする人がいます。

趣味の場に一人そういう人が混じっていると、周りは振り回されてばかり。せっかく楽しみに通っている場なら本末転倒ですね。

こういったタイプの人に出くわした時、あなたはどう対応しますか？

ひたすら相手にへいこらしてしんどいのなら、いますぐやめましょう。

このようなすぐ不機嫌になるタイプの人には、ある傾向があります。

それは、その場を支配するために「怒り」を使っているということです。怒ることで、自分の思い通りに相手をコントロールしたいという思いが根っこにあるのです。また、不機嫌という感情には、「自分に関わらないで」というメッセージもあります。だから、その人を不機嫌にしてしまった原因が必ずしも自分にあるのだと思う必要もありません

その人を横暴にさせている周囲の人がいるからというのもあるのです。

そこを変えなければきりがないということです。

「不機嫌」の使い手は予想外の反応に弱いもの

趣味の場でそういったぶしつけな振る舞いをする人は、おそらくこれから先も変わらないでしょう。そもそも、その人に自分を変えようとする意思がないからです。だったら、不快な場に不満を抱きながらい続けるのでなく、あなたも行動することが必要です。

たとえば、不快でない別の場を立ち上げたり、次の会合からは、誰もそこに参加し

ないようにしたりという対応もありでしょう。加えて、思い切ってショック療法を試してみるのも一つの方法です。

これはアドラーに「私の息子《マイ・サン》」と言われたウォルター・ベラン・ウルフの『どうすれば幸福になれるか　上』（一光社）という本で紹介されている秘策です。

ある女性は、自分の夫が自分の力をアピールするために彼女のダメさ加減について他人がいるところで長々と話すことに困っていました。それに対してウルフは「夫の話が始まったら、小さな石けん箱を改造した演説台を用意して講義（長話）が始まるのを待つように」アドバイスしました。そして、いつものようにディナーの席で夫が熱弁をふるい始めると、妻は一言も言わずに、その演説台の石けん箱を持ってきて、彼の前にさっと置きました。結果としてそれが夫の最後の講義（長話）になったそうです。

これは、私の好きな「ビックリメソッド」です。一部の心理療法では、「混乱技法」と呼ばれています。要するに、相手にとって予想外なことをして嫌な行動を封じる方法です。

不機嫌をまき散らす人は経験上、「みんなは、自分が不機嫌になれば自分の意見を聞くだろう」とわかっている（予想している）から、それを繰り返します。トシを重ねるほど、その経験は濃くなっていくから、これまたやっかいですね。

ところが、このタイプ、予想しない反応が返ってきた場合にはからきし弱い。「いつもの手」が使えないとなると、相手は行動を変える、つまり不機嫌をやめるしかありません。

たとえば、その人が不機嫌になりそうな時に「全員でじっと相手を見つめる」というのもいいかもしれません。全員から見つめられたら、けっこう怖いですよ。

困った人に出くわすと、どうもみんな自分が苦しむ方向にばかり持って行ってしまう人が多いのですが、私はもっと楽しめばいいと思っています。相手があっと驚くような、予想外の行動をしてみましょう。変な動きは続かなくなるはずですよ。

過去の「嫌な」人・言葉とはきっぱり縁を切ろう

「思い出」が人を縛り、苦しめる

若い頃に親から言われた一言が許せない、いまでも顔を見たくないくらい憎い相手がいる……。死んだ親に対しても、いまだその「亡霊」に苦しめられている人もいます。トシをとると、思い出は美化されていくことも多いのですが、いくつになっても嫌な思い出に苦しめられることがあります。

たとえば、子どもの頃からやることなすこと母親に指示、支配されてきたAさん。逃れようと引っ越しをしても、いつの間にか居場所を探り当てられ置き手紙が残されているという状況でした。なんとか悟られないよう引っ越しをして連絡を絶ったものの、いつまでたっても「また母親に何か言われるのでは……」と不安だったそうです。すでに会うこともなく、いまはもう口を出される状況ではないにもかかわらずです。

つまり、Aさんを苦しめているのは、「あれこれ口を出されること」そのものよりも、これまでやることなすことに「口を出されていたという思い出」の方なのです。

一方、Bさんを縛ってきたのは、しつけの一つとして幼い頃から日々言い聞かされていた言葉でした。

人が生涯に使う水の量は決められていると教わり、「早く使えば早く死ぬし、節約すれば長く生きられる」としつけられてきたそうです。「水を節約しなさい」というメッセージなのでしょうが、その教えは必要以上に彼女のその後の人生に深く根を張ってしまったのです。

自分が水を節約するだけでなく、結婚して夫が水を出しっぱなしにして歯磨きをしていたり、子どもが水遊びをしたりしていると、つい「早死にするわよ」と言ってしまいます。人が水を使っていると、忠告したくなるし、止めさせたくなる。それが、またつらいのだそうです。

ところが私が調べてみたところ、ケニア、日本、アメリカで使う1日の水の量をポリバケツで計算してみると、日本は一人あたり33杯というデータが見つかりました。ケニアは2杯、アメリカは28杯でした。日本人は長寿大国ですが、それよりも水を少ししか使わないケニアの人たちのほうが平均して寿命が長いと言えるのでしょうか。「自分の水の消費量が寿命に関わる」という根拠はどこにもありません。

Bさんはもともと聡明な人でしたから、そうやって論理的に説明を重ねたところ、幼い頃からの「水の呪縛」からようやく自由になれたようです。

Aさん、Bさん、二人の例でわかるようにまとわりつく母親や、幼い頃の呪縛の言葉が悪いわけではありません。それによって生まれた自分自身の思い込みが自分を縛っているのです。

縛ったのもそれを解くのもあなた自身

あなたが、年齢を重ねたいまとなっても長い間ゆるせない人や言葉があると思うなら、その人や言葉よりも、それにひも付いてくる自分自身の「思い込み」が自分を縛っていないか考えてみましょう。

「それは、どんな場合でも正しいと言えるの？」

「自分と同じように言われた人は、皆、自分と同じように困っているの？」

などと考えていけば、少しずつその呪縛を解きほぐしていくことができます。

あなたがかつて人から口出しされて、いまでもゆるせないことがあるのだとしたら、具体的にどんなことを言われてきたのでしょうか。

もしかしたら異性のことかもしれませんし、ある作法のことかもしれません。無駄遣いに関することなのかもしれませんね。

ただし、これらはすべて呪縛です。それを60歳、70歳になったいまも大事に握りしめ、縛られ続けているから苦しいだけなのです。

親の呪縛は、親が生きていても、亡くなっていても変わりません。

縛ったのは、過去の人ではなく、あなた自身です。だからこそ、いまからでも、あなた自身の手で呪いは解けるのです。

「おめでとう」と「ありがとう」は人付き合いの最強フレーズ

「祝福」と「感謝」が賢く老いる秘訣

とくに人生の後半戦では毎日の生活で意識したいことが二つあります。

それは、人のことを祝福できる心、そして物事に感謝できる心です。

これが賢く老いるための二つの秘訣です。

文章で読んだら、なんだこんなこと、と思うかもしれませんが、人の心はやっかいなもの。

あなたも同窓会に行って、かつてのクラスメートに知らず知らず対抗心を燃やすことはありませんか？　職業や服装を見て、つい自分と比べてしまうのです。同等かもしくはちょっと自分より「下」ならセーフですが、自分よりあきらかによい暮らし向きだとわかると、面白くない。

とくに、田舎にいると同級生がずっと同じ土地に住んでいることも多いので、自分より劣っていると思っていた人が思いがけず出世や活躍をしていたりすると、過去とのギャップも加わって、よけいに嫉妬を感じやすいのかもしれませんね。

相手の努力と成長にも思いを馳せてみる

私の友人にも、子どもの頃はやんちゃでいい加減なやつといった風情だったのに、市会議員となって活躍している人がいました。いま話してみるととてもしっかりして、とても、子どもの頃、口だけの「ラッパ」と呼ばれていたとは思えません。

彼はみんなの知らないところで、将来に向けて努力してきたのでしょう。

ですから、昔の尺度で人を見てはいけません。人は、競争意識を持っていると、つい自分が優位で相手が劣位でい続けなければならないと思ってしまうものですが、自分にも成長してきた過程があるように、相手も努力をしてきた過程があるかもしれないということに思いを馳せてみてください。

彼は彼、彼女は彼女で成長していく。それは祝福するべきことだと私は思います。

「あの人はあの人で、頑張ったんだ。おめでとう」

そう笑って相手に言ってみてください。思いのほかスッキリして、温かい気持ちになれるはずですよ。

自分の心が弱っていると、素直に祝福できなかったりするかもしれません。

そういう時には「(悔しいけれど) おめでとう」と言えばいいでしょう。ポイントは「悔しいけれど」を、声をひそめて言うことです。

「悔しい」には、悔しい気持ちにふさわしい反応が返ってきますし、「おめでとう」には、おめでとうという気持ちにふさわしい反応が返ってきます。

あなたなら、どういう反応が欲しいですか?


あなたが欲しい言葉を相手にそっと掛けてみませんか

「悔しいです」と言えば、相手は離れていくでしょう。

「おめでとう」と言えば関係がよくなると思います。相手にとって「おめでとう」は一番言ってほしい言葉だからです。ですから、「おめでとう」と言ってしまった自分自身も、思わず嬉しくなるでしょう。悔しかった気持ちは、あとで考えればいいのです。たとえば、地元の市会議員として活躍したかつてのクラスメートの例では、「議員になるなんて、あなた、えらいねえ」と言われるのと「おめでとう、こんなに活躍してくれてありがたいよ」と言われるのでは、相手はどちらが「よし、頑張ろう」と思うでしょう？

私たちは聖人ではありませんから、なんでもすべてをプラスにしようとする必要はありません。どこかに悔しさや無念さなどのわだかまりを抱いてしまうことはあるものです。大切なことは、それでも、祝福したり感謝したりするということです。

相手にプラスとして受け入れられますし、確実に関係をよくするきっかけになります。

「おめでとう」「ありがとう」といった言葉は、積極的に使っていきたいですね。

私たちだって、そう言ってもらえたほうが嬉しいものなのですから。

悪口には「その通り!」と開き直ってみる

悪口は無関心よりよっぽどマシ

悪口を言われて腹が立ったり、まわりがなんと言っているかが気になったりすることは誰しもあることでしょう。でも、悪口は一つの意見でしかありません。自分のすべての人格を否定されるものではないのです。ですから、時には開き直るということも必要です。「悪口を言われるくらいの存在感、影響力のある自分なんだ」と誇らしげに思ってもいいかもしれません。

私はよく「岩井先生は『5時から男』だからね」と言われるのですが、私は「その通りです。ありがたいです」と言います。本当のことですから（笑）。

ポイントは、悪口ととらえないこと。「5時から男」も自分に対するエールであり、好意の言葉だととらえればいいのです。悪口を言われることは、無関心よりはマシです。なぜなら、自分に関心を抱いてくれている証しだからです。

ですから、私は「悪口でも言ってくれてありがたい」と思うようにしています。他人からのフィードバックには、ポジティブなものとネガティブなものがあります。自分を圧倒的に育ててくれるのは、じつはネガティブなフィードバックです。大歓迎してもいいくらいです。

ある政治家は「悪い情報こそ、早く正確によこせ」と言っていたそうです。それと同じように、言われた本人さえしっかり受け止められれば、悪口を糧とすることもできるのです。いいことばかり言われていると、しっぺ返しを受けることもありますからね。人は、本当に関心がない相手には悪口さえ言いません。

愛ある助言ととらえて、悪口も謙虚に受け止めれば、自分が成長するための糸口が潜んでいるはずですよ。

いいトシした子どもを「心配」してはいけない

あなただってかつては親の心配の種だった

息子や娘の行く末が心配……。この問題は、あちこちで耳にします。

「子どもが家にいるから独り立ちして出ていってほしい」

「結婚して出ていった子どもが気がかりだ」

ありとあらゆる親の悩みは尽きる気配がありません。

こういった悩みに対して、私が一言お伝えしたいのは、「あなたの親もあなたを心配していましたよ」ということです。

親になんの心配も与えずに、今日まで生きてきた人はいるのでしょうか。あなた自身も、過去には親の心配の種だったのです。しかし、それなりにやってきているでしょう。ですから、あなたの子どもも大丈夫なのです。

「心配」は支配欲求に基づく感情

悩みのなかでとくに多いのは、「息子が年上の再婚の嫁を連れてきた」といった、母親が息子を心配しているケースです。

ここで、不安と心配の違いは何なのか、確認しておきましょう。

まず不安と心配の共通点は、未来に対する不確かさに対する感情です。先が読めないから、不安であり、心配なのです。

では不安と心配は何が違うのでしょうか。

不安は、ある種の警告として自分が対処可能なことです。一方、心配は支配欲求に基づく感情です。つまり心配している人は、相手を支配したがっているということ。

その分、心配は不安に比べてくせものなのです。

心配をする人は、何よりもまず、実態を把握したほうがいいですね（これは不安にも当てはまります）。それから自分が支配欲求を持っていることにも気づきましょう。

自分に何ができるのかを考えた時に「心配以外できない」と感じるのであれば、それは取り越し苦労で、相手からしても大きなお世話だととらえたほうがいいでしょう。

取り越し苦労をして心を痛めるのが好きなのか。それとも、それは横に置いて違うことをするのが好きなのか。どちらを選ぶのかは究極の選択だと私は思っています。

心配という解決不能なものを抱き続けることは、自分にとっても相手にとっても不健全なことなのです。

心配にはそのとおりの未来を導く暗示効果もある

また、心配する気持ちは、相手を不幸にする落とし穴にもなってしまいがちです。

心配した未来に導いてしまう暗示効果があるからです。

「あなたが13歳も年上の女性と結婚して心配なの。相手が先に老いるし、離婚するんじゃないかと気になって……」

こんなふうに言っていると、子どもが離婚するように導いてしまう可能性があるのです。怖いですね。

ですから、こんな時には、「よかったわね、頼りがいのあるいい人がお嫁さんに来て」と祝福してしまいましょう。

言われたほうは心が軽くなるように感じるはずですよ。

家族の環境が変わったら夫婦で作戦会議を開こう

夫婦会議の時間を設ける

子どもが幼い頃、夫が現役で働いている時は何も疑問を抱かずに家族のために献身をしてきた。しかし、子どもが独立し、夫が定年を迎えたにもかかわらず、相変わらず自分はせっせと家族の世話をしている。気づけば義理の両親の介護をもう何年も一人で引き受けてきた。それに対して感謝もされない。もう嫌になってしまった……。

とくに、専業主婦として長年夫を支え続けてきた女性たちからそんな悩みが寄せられることがあります。

これをアドラー心理学の立場から説明しましょう。私の恩師であるペルグリーノ博士が非常にいい考え方を我々に教えてくれています。

ＴＴＴ（Time to Talk Together）、「共に話し合う時間」を設ける必要があるのだという考え方です。

たとえば会社には会議があり、学校にはクラス会議があります。ですから家族会議、夫婦会議というものもあっていいでしょう、と考えるのです。

ある案件について、夫婦で絶えず話し合う時間を設けるのです。言いたいことの棚卸しを定期的にする習慣をつけてしまうといいですね。構える必要などまったくなくて、日程を決めて話し合ってもいいし、不定期だってかまいません。

ペルグリーノ博士は、この時間が日本人にはとても少ないと指摘しています。

生活の一部が変わる時は、話し合いをする機会です。

「きっとわかっているだろうな……」という期待を抱いたり、「今度こうなったからな」という報告だけで済ませてはいけません。

我が家の場合は、息子の自活のタイミングが、夫婦会議を開く機会になりました。その時、お金のことや、空いてしまう部屋のことなど、いろいろなことを話し合いました。そしていまは、息子がいなくなった状況で我々はこうしようと、話し合った通りに生活をしています。

息子がいた時には食事の用意をしなければならず、なかなか難しかったのですが、いまは恋人のように外食をしたりして、外で過ごす時間が多くなりました。今度は仕事の出張に合わせて、妻を旅行に連れて行ける機会も多くなりました。

このように、新しくできることを見つけ出すことは大切なことです。

新しい環境が訪れた時、できなくなることを考えるのではなく、何ができるかを模索しましょう。そのほうが、ずっと豊かでほがらかに過ごせるはずですよ。

家族が離れていく寂しさは新たな世界の入り口になる

寂しさとはどんなもの？

寂しさというのは「不完全さ」「不確かさ」が、ある時にわいてくる感情です。自分がどこにも所属していない気持ち、子どもたちの家族のなかに自分の居場所がないと感じる気持ち。これが寂しさになっていきます。

家族が拡大していくなかで、自分がないがしろにされているという思いが、寂しさの根源になっています。

これは、誰か大切な人の喪失から始まる場合もあります。

妻や夫が亡くなって寂しくなることも含めて、あり得ることです。

でも、考えてみてください。

空白は新たな世界をつくるきっかけになります。

つまり空白は「新たなものに来てください」という呼びかけなのです。

寂しさがあるということは空白があるということなので、空白を埋めればいいのです。

それは、決して頻繁に子どもに帰って来てもらうことではありません。

友をつくりに外に出かけたり、旧交を温めたりすることでもいいでしょう。あるいは存分にペットを可愛がるのもいいですね。そういった空白を埋める営みを、自分ですればいいのです。ですから、寂しさは歓迎すべき心理だと私は思います。

トシをとることとは、次から次へと寂しさと直面していくことです。

私にとって家族は、妻や子どもたちです。それから広義の家族として、自分のきょうだいとその家族も入ってきます。たとえ亡くなっていても、きょうだいは、私にとっては家族だという意識があります。独立していくと、きょうだいに対しては、家族という印象が薄れていく人もあるでしょう。これは人によって違います。家族にもいろいろな形があっていいと思います。

子どもと仲良くできるのはいいことですが、子どもばかりに空白を埋めることを求めないこと。そのほうが、ずっと自由で楽しくいられますよ。

パズルを埋めるように、自分で寂しさを埋める活動をしてみてください。

思っている以上の楽しさが見つかるはずです。

第4章 うまく愛し、愛される

愛が熟す夫婦・枯れる夫婦

夫婦間の「愛」の変化

夫婦というのは不思議なものです。もともと「他人」だった人と、結婚という契約、そして愛の結び付きで、その後何十年も一緒に暮らすことになるのです。

「惰性で一緒にいるだけ」「人にすすめられるまま一緒になってみたものの、数十年たったいまは、かけがえのない家族」「あんなに好きだと思って一緒になったのに、いまでは顔を見るのも触れるのも嫌だ」「はたから見るとケンカばかりしているようだけれど、じつは一番近い存在」

トシを重ねた夫婦にしかわからない二人の関係というものがあるでしょう。

それもそのはずで、二人の間にある「愛」は、少しずつ形を変えているのです。わかりやすいよう、ギリシャ語で愛を表す言葉で説明してみましょう。

結婚当初はあった（はずの）、いわゆる「惚れた・はれた」の恋愛感情は、性を伴う「エロス」の愛。その後、子どもなど家族が増え、一緒に生きていくうちにだんだんと友人間の信頼や結束を表す友愛（「フィリア」）のようになり、やがてトシを重ねることで「アガペー」と呼ばれる無償の愛に変わっていきます。ですから、いつまでも出会った頃のままというわけにはいきません。一度生まれた愛を上手に育てていくのも、ダメにしてしまうのもその夫婦次第ということです。

長続きする夫婦間にあるものとは

では、そうやって愛の形が変化していくなかで、長続きする夫婦は何が違うのか？つまり、愛を途中で枯らしてしまう夫婦と、愛を上手に育て熟し、長続きさせていく夫婦とでは何が違うのでしょうか？

じつは、長続きする夫婦はお互いの間に尊敬と信頼があります。

■ 相互尊敬・相互信頼の大原則

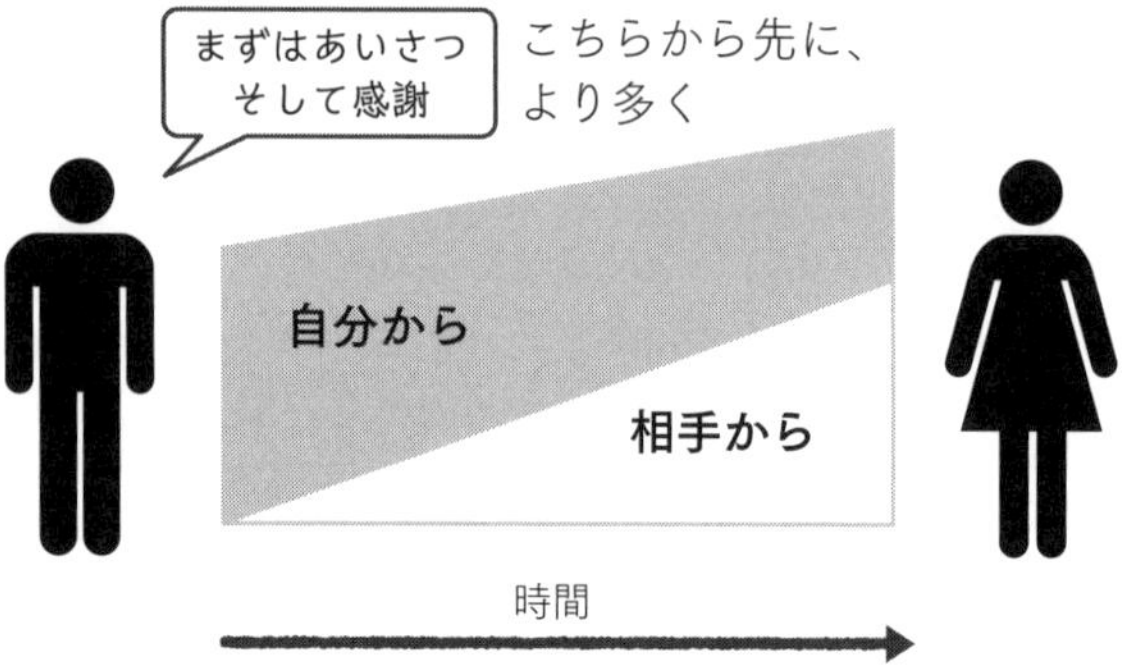

ただし、それは同時にというわけにはいきません。そこが難しいところです。どちらかが先に相手に尊敬・信頼の気持ちを抱き、それが伝わる。それを受け取った相手が少しずつ逆にこちらにも同じように、尊敬・信頼の気持ちを向け始めるという具合です。

ところで、「尊敬・信頼の気持ち」と書きましたが、このことをどうとらえたらいいのでしょうか？

アドラー心理学では、よりよい関係を築きあげるためには「相互尊敬・相互信頼」の関係を理想としています。「お互いに尊敬・信頼し合えること」ですが、その関係を築くためには、従来型の「タテの関係」に代わる「ヨコの関係」が成り立っていないと実現は不可能です。夫婦の役割などの違いを認めながらも、人間としての尊厳に違いがないことを認め合い、案件によってはどちらかがリーダーシップを発揮する関係が成り立っていることが健全な関係だと考えています。

それでは、どうすれば「ヨコの関係」による「相互尊敬・相互信頼」の関係が実現できるのでしょうか? それには、より切実に「相互尊敬・相互信頼」の関係を築きたいと思っているその人からより先に、そして、より多く、がポイントです。最初はフィフティー・フィフティーではありません。では、それはいったいどちらが先に?

普段からあまり会話がない関係だったりすると、やりにくいかもしれませんし、なんで自分から……と思うかもしれませんが、少し考えたら、それにたったいま気づいたあなたが先に始めるほうが、ずっと現実的でたやすいことだとわかるでしょう。

何も難しく考えることはありません。まず最初はあいさつから始めて、次に感謝の言葉をかけてみるだけでもいいのです。あなたから先に、より多く。

続けていくうちに、きっと相手からもよい反応が返ってくるはずです。

空の巣を埋める会話術

二人の共有スペースにあるものを会話の糸口に

私は、夫婦仲のよさは会話でわかると考えています。やはり、会話を通じたコミュニケーションは二人の関係維持には欠かせません。コミュニケーションが枯渇するということは、相手の存在が自分のなかで消滅するということ。

子どもが家を出てから会話がすっかりなくなってしまった、という夫婦の話もよく耳にします。

子育てという共同の目標を持っているうちは、子どものしつけから学校の行事、進学、お金のことなど、必要にかられて夫婦間の会話は自ずと生まれるものです。しかし、子どもが巣立ってしまえば、その機会もほぼなくなります。

あなたの家庭ではいかがですか？

とはいえ、いきなり何を話したらいいものか。

そんな時には、まず二人の共有のスペースにあるものが会話の糸口になります。食べ物でも、テレビ番組でも、なんでもいいので、二人の共有のテーマを話題にしてみましょう。

たとえば「芸能人の○○が結婚したんだって。年の差が24歳らしいよ」なんて軽い話題でもいいと思います。そこからほかの芸能人の話に振ることもできます。

ほかにも、誰かから手紙が届いた、○○が送られてきたなど、会話のきっかけは、何かしら二人の共通の話題から見つけられるはずです。ささいなものでいいのです。

時事ネタのニュースでもいいでしょう。ポイントは、相手が関心のありそうな話題を少し入れることです。

私の妻は、芸能ネタや健康ネタをよく仕入れてきます。そうすると、こちらも話しやすくなります。彼女は話しながら私に「あなたはどう思う?」とコメントを求めてくるので、私はそこで一言返します。もし上の空で返事しようものなら、茶目っ気たっぷりに「いまの話を反復してみて」と言われることも。妻のおかげで、夫婦の会話は途切れることがありません。

我が家の例でわかるように、必ずしも実のある濃い議論でなくてもかまいません。トシを重ねたら、話すこと自体も一つの目的だと考えてください。話題は決してないのではありません。ただ探し足りていないだけです。ぜひ、身近なところから探してみてください。

もちろん、子どもの有無やその巣立ちとは関係なく、夫婦がトシを重ねたら必ず話し合ったほうがいい「共同の課題」もあります。それは、生命や財産に関わることです。

加入する保険のことや健康診断の結果、子どもたちへの相続・贈与、土地の売買や高価な買い物をする時などは単なる世間話とは一線を引いて、お互いに納得がいくまで話し合わなければなりませんね。

優しい言葉が照れ臭いなら「事前告知」をしてみよう

言葉はそのうち本物になる

自分から相手に感謝の言葉を伝えたいと思っても、日頃から口にしなれていなければ、少し気後れしてしまうかもしれません。

60、70歳になるまで、ろくに優しい言葉をかけてこなかったのに、いまさらパートナーにそんな言葉をかけられない。照れくさくて、そんなことをするくらいなら舌をかんでしまいそう……。そんな相談を受けた時、私は事前告知をするようにアドバイスしています。

「勉強会（習い事）でこんな宿題を出されました。あなたが一番いい相手役なので、変に思わないで付き合ってほしい。これは宿題なのです」

そう相手に伝えてしまうのです。するとレッスンしているうちに、言葉が本物になっていきます。

私がこの研修を実施する時には、まず感謝から入ります。「ありがとう」と相手に感謝を伝えるようにするのです。レッスンを経験し、ねぎらいの言葉がうまくかけられるようになったと思える頃には、自然と相手に感謝ができるようになっています。

感謝の言葉が自然と口をついて言えるようになってきたら、これにプラスして「(あなたのつくってくれた)この料理、おいしかったよ」などの勇気づけの言葉を意図的に伝えてみるのです。これも、言っているうちにだんだん馴染んできます。すべてはレッスンです。義務だと思ってしまうと、なかなか言えなくなってしまいますが、レッスンだととらえれば、少しは心も軽くなりませんか？　実際に、感謝や勇気づけの言葉を投げかけているうちに、パートナーの反応もよくなってくるかもしれません。

最初は「もっとこう言ってほしい」などと言われることもあるかもしれませんが、ぎこちないながらもお互いに積み重ねていくと、レッスンのための「仮の言葉」だったはずのものが本物になっていくものです。

日課のハグで突発性熟年離婚を防止

離婚を申し出る妻・戸惑う夫

定年を迎え、これからは妻とゆっくり過ごせると思っていた矢先に、なんと妻から突然の離婚の申し出……。まるでドラマのようですが、実際に私の知っているケースでは、8〜9割が妻から言い出されているようです。大多数の男性は「妻が離婚を考えていることを知らなかった」と言います。いきなり妻から離婚届を突きつけられ、「ほかに愛する人がいる」と言われたように感じて戸惑うのですが、妻の側からしてみたら、唐突でもなんでもなく、長年の積み重ねの結果。つまり、そこに至る、妻の不満の芽や別れの兆しに夫がつゆほども気づかなかったことが原因なのでしょう。

要するに、コミュニケーションが足りないのです。

こういった、青天の霹靂《へきれき》ともいえる、不幸な熟年離婚を避けるためには、何よりも普段からの夫婦間のコミュニケーションやスキンシップが大切です。

私の場合、第2章でもお伝えしたとおり、習慣的に妻とハグをしています。これは、愛情表現だけでなく、体型や体調のチェックでもあります。私の妻は「わき腹にちょっとお肉がついていない？」「口臭がいつもと違うから、歯医者さんに行って診てもらったら？」と、私以上にチェックしてくれます。これは身近な間柄でないとできません。

さらに、週に1回程度夫婦でマッサージをし合うのですが、足の痛さで「右にばかり傾いている」「目のツボが痛そうだね」と、相手の健康状態がわかったりします。

もちろん、身体を使ったコミュニケーションの極みとしてのセックスも大切です。スキンシップとしては、優しく手のひらを揉んだり、指を触ったりするだけでもかまいません。

身体を通してのコミュニケーションは、言葉以上に心を通わせる材料にもなります。

面倒くさがらず、照れくさがらず、大切にしましょう。

スキンシップに抵抗があるようなら、「机をきれいにしてくれてありがとう」「洋服が似合うね」と、会話でほめたり感謝を伝えることから始めてもいいでしょう。


世の男性は、たいがい鈍いものです。

私も、妻から「何か変わったと思わない？」と言われても、答えられなかったことがあります。頭のてっぺんから足の先までしっかり見てもさっぱりわかりません。降参すると、ようやく「髪を20センチ切った」と教えてくれました。

このように、男性は視覚情報に気づきにくいところがあります。

その割に、男性のほうが、自分にちょっとした不調が出るとやたらと大騒ぎする、というのが大方の女性の見方です。毎月の月経や出産の痛みを経験済みの女性から見ると、おそらく大概のことは耐えられることなのでしょう。

「ちょっと熱っぽい」「どこどこが痛い」とよく口にするのは、男のほうが臆病だからです。

でもこれは、リスクへの対処能力があるという証拠で、本来は望ましいことなのです。逆に「これくらい大丈夫だ」と言っている人のほうが、コロッと逝ってしまう危険性があります。男性は、ビクビクしているほうが長生きすることが多いのです。

もしパートナーが不摂生をして、具合が悪いと大騒ぎしたら、女性側からは「あなたはリスクの感受性が高いのね。とても私には追いつかないわ」と賛同してみてください。プラスとして、「せっかく対処できるんだから、病院へ行ったら？」と声をかけてあげるといいでしょう。

いいことも悪いことも、言い方次第で、相手の心に届きます。お腹に溜め込んだりせず、相手に届く言葉で伝えられるといいですね。

夫婦間の行き違いは、どこにでもあるものです。

だからこそ、さまざまなコミュニケーションをとって、お互いの状態を知ることが大切なのです。

夫婦は腹に3割の含みがあってうまくいく

包み隠さず腹のうちを見せる必要はない

第2章でも触れましたが、とくに男性は「生まれ変わってもいまの妻と一緒になりたい」という人が多いのが実情です。定年後、やっと時間ができたからと買い物や地域のコミュニティーなど妻の行く先々についていったり、行き先を根ほり葉ほり尋ねたりしてうっとうしがられる……。妻を大切に思っている夫からすればせつない話ですが、妻からすれば、長年かけて築いた自分の世界やコミュニティーに夫が入ってくるわけだから、戸惑いが隠せないのも当然でしょう。

夫婦がコミュニケーションを保つことの大切さは口を酸っぱくしてお伝えしました

が、お互いの世界の何もかもを共有しようとしてはいけません。いくら長年連れ添った夫婦といえどもそれは例外ではありません。なんでも包み隠さずに腹のうちを見せる必要などないのです。

相手の「課題」に勝手に踏み込んではいけない

夫婦関係をいつまでも良好に保っていくには、共有の領域とお互いに踏み込んではいけない領域を健全に保つことだと思います。アドラー心理学でいうところの、相手の「課題」に勝手に踏み込むな、ということです。

たとえばパートナーの昔の恋人の話、これは聞かないほうがいいですね。悲劇の始まりです。うっかり聞いてしまって、その後、猜疑《さいぎ》心が生まれた夫婦がいます。逆の立場でもそうではありませんか?

ほかには、お小遣いの使い道。共同の家計から拠出するものを隠してはいけませんが、月々のお小遣いで決まっているものについては、使い道はその人の好みです。パートナーが何か安物を買った時、意見を言うのはかまいませんが、「捨てなさい」とまでは言ってはいけません。何を買おうが相手の自由だからです。ここに踏み込んでしまうから、もめるのです。

余暇の過ごし方で、夫が「今度友人たちと登山に行くから」という時には、余計な口出しはしないでおきましょう。逆もまたしかり。

私の妻はアイドルグループ・嵐のファンですが、東京ドームでのコンサートに行くという妻に「いつ予約したんだ」などと聞いたりはしませんし、家にずらりと並ぶCDに対しても何か意見したことはありません。妻が大切にしていることは、私も大切にしたいと願っています。

そのほか、互いの友人やきょうだいや親戚にまつわる話題も、内容によっては非常にデリケートです。

愉快な話として話題にのぼる分にはかまわないでしょうが、必ずしも「今日は誰とランチする」などと逐一報告し合う必要もないだろうと思います。

グレーゾーンにある問題をどう扱うか

では、相手があまり話したがらない時、そこに踏み込んでいいかどうか迷う時にはどうすればいいでしょうか。

たとえば、お互いの実家の問題などであれば「そのことは任せておいていいの？私は関わりを持ったほうがいいかな？」と言って直接確認をするのです。

そこでたとえば「きょうだいと相談するからいいよ」と言われたら「必要が出てきたら言ってね」と伝えて、あとは任せておくといいでしょう。

グレーゾーンにあることや触れられたくない家族の問題については、お互いに「踏み込まれたくない」という意思表示をしたほうがいいと思います。妻の課題なのか夫の課題なのかを明確にして、夫婦共同の問題にはしないという取り決めをしましょう。

「これでよかったのか」と迷ったら離婚のシミュレーション

嫌だと言っているうちが花

連れ添って何十年も経てば、愛が熟し関係が深まる場合もあれば、わずかなズレを修正しきれずに、相手との距離が離れてしまったように感じることもあるでしょう。「本当にこの人でよかったのか」という漠然とした悩みを抱くのは、とくに女性に多いのかもしれませんね。

しかし、誰だって時間を巻き戻してやり直すことはできません。漠然と悩んで心が晴れないのであれば、はっきりとシミュレーションして、早めに結論を出すことをおすすめします。

私は、AかBか悩んでいるクライアントさんがいる時には、望ましくないほうの未来をとことん想像してもらうようにしています。

たとえば、少しでもヨリを戻したいと考えている場合には、逆に、別れるシミュレーションをします。

別れたあとの日々の生活をどうするか、職業の選択、経済的な側面、子どもとの関係などを、納得がいくまで書き出します。

第二の生活設計が決まったところで、私が「これをパートナーに見せて、この通りに進めていきましょう」と提案をすると、みなさんそろって「嫌だ」と言います。なぜなら、そこに書いたことは、実現できないことだからです。

離婚というものに本当に直面してみると、まったく勝手が違ってきます。

どういうことでしょうか。

つまり、「嫌だ」と言っているうちが花なのです。実際に離婚する時に直面する困難と向き合う勇気がないから、口だけで「離婚したい」と言っているのです。

問題に直面してみたほうが、本当にすべきことがわかります。ですから、私は先取りして問題に向き合ってもらうことにしています。直面すると、人は焦るのでしたね。焦りは準備不足への警告の感情です。焦ることで対応策が出てくるのです。

「この人で本当によかったのだろうか」とつい悩んでしまう時には、いまからでも遅くないので、別れてやっていくほうが幸せなのかどうか、本格的にシミュレーションをしてみましょう。

自分が○歳の時にこういう状況だ、○歳の時はこうなっていると未来を想定し、経済的な側面から、日々の生活のこと、子どものこと、お墓のことなど、できるかぎり具体的にたくさんの現実を書き出してみて、実際にはどうしたいのか、現実的に判断するといいですね。

一度試しに書き出してみると、自分が本来はどうしたいのかが見えてくるはずです。

「相手の過去がゆるせない」に隠された本音

相手より上だと示したい

納得したつもりでやり直したにもかかわらず、還暦を過ぎ、古希を迎えてもなお、過去に浮気をしたパートナーをゆるせないというケースは妻側に多いようです。

過去に浮気が発覚し、ひょっとしたら別れ話が飛び出したにもかかわらず、最後は「二人でやり直そう」という結論を出して生活をその後何十年も続けてきたわけです。それでも「相手の浮気をゆるせない」という場合、アドラー心理学では、そう発言する目的があると考えます。

過去の浮気など、相手のやらかしたことをいつまでも責め立てる心理とは、いったいどんなものなのでしょうか？

こういったケースの多くは、自分のほうが夫より立場が上であることを証明したいのです。

「あなたはあの件で私に屈服したはずだから、決して優位に立ってはいけないのよ」という威嚇《いかく》の場合もありますし、あるいは「ヨコの関係」を築くための「私はあなたの下にいるわけではないのよ」という表明かもしれません。

ただ、過去のことをいつまでも「ゆるせない」というのは、基本的にはルール違反です。ゆるせないということは、「ゆるさないでおくのも、ゆるすのも、自分次第である」という思いからきています。つまり「私のほうが強い立場だ」「私は切り札を持っている」と言っているのと同じです。

関係修復に成功した夫婦の話

夫が不倫をしていた、あるご夫婦のケースを紹介しましょう。

夫に好きな人ができて、相手の女性に多額の金銭を援助していたことが、あるメールで発覚しました。問い詰められた夫は事実を認め、妻は結婚指輪を放り投げ「あなたとはやっていけないわ！」と逆上。収拾がつかなくなり、夫婦でカウンセリングに訪れたのです。

私が「どうしたいのか」と尋ねると、妻は「とにかくゆるせない」の一点張り。夫に席を外してもらい、改めて「本当はどうしたいのか」と聞くと、「自分に対しての小遣いを増やしてほしい」「相手に貢いでいたのが悔しい」と少しずつ気持ちを話してくれるようになりました。

さらに深く聞いていくと「私とは3年セックスしていない。セックスできないのだと思っていたら、外でしていたのでそれがゆるせない」と吐露しました。つまり「悔しい」という心理のなかに「もっと私をかまって、私とセックスしてちょうだい」という思いがあるのだと確認ができました。

ここでもう一つ「旦那さんと別れたいですか？」と質問をすると、妻は「別れたくない」と答えたのです。そこで、ここからリセットをしようと、まず夫とすり合わせをして妻のお小遣いを増やしました。

それからベッドの環境をよくしようと、部屋のカーテンを妻の気に入るものに変えました。そして、いきなりベッドを共にするのではなく、二人の思い出の場所のホテルへ行くようにとアドバイスをしました。

当日は、ホテルに直行するのではなく、まず雰囲気のいいカフェに入ります。そこで盛り上がったあとに、恋人のようにホテルに向かってもらいます。

デート中は、子どもの話はしないというルールを設けました。

さて、デートの結果はどうだったでしょうか？

後日「大変よかった」と報告があり、２回カウンセリングに来ただけで、夫婦仲はとても円満になったと言います。

過去のパートナーの浮気が引っかかっていても、「別れたくない」という気持ちがあるのなら、もう一度手をつなぎ直す試みをしたいものです。

不幸な結婚・幸せな離婚

離婚したほうが幸せなケースもある

夫婦関係を修復したほうがいいケースもあれば、別れたほうがいいとカウンセリングですすめるケースもあります。

たとえば、パートナーにほかに好きな人がいて、そちらと完全に別れられない場合です。DVやギャンブルやアルコールへの依存がからんでくる場合も、簡単には改善できると思えないので、別れさせなければいけないこともあります。

はた目にはそこまでひどい状態でなくても、残念ながら、無理に関係を続けずにお別れすることをすすめたことがあります。

それは夫が医師、妻が看護師の、あるご夫婦のケースです。ことの発端は二人が結婚を決め、親にあいさつに行った時のこと。看護師の女性は、医師の男性の両親から「看護師さんか……」と言われたそうです。

そこに、見下したようなニュアンスを感じ取った彼女はその屈辱的な体験が忘れられず、結婚して子どもができても、二度と夫の両親に会いに行かなかったそうです。もちろん孫にも会わせません。妻の逆襲です。「私にあんな屈辱的な思いをさせた義父は許せない」という思いがあるわけです。

妻の恨みはそこで終わりませんでした。さらにヒートアップして、夫を監視していちいち口を出したり、「あの時お義父さんがこう言った」という昔の恨み節を毎日2時間聞かせていたそうです。

私はさすがにこのご夫婦のケースでは離婚をすすめました。仕事から帰って毎日これが続くようでは、夫もさすがに心が安まらず、職場でも仕事に集中できません。いっそのこと、離婚を選択したほうが幸せだろうと思ったのです。

関係を修復する気があれば別ですが、この夫婦の場合は妻の恨みの感情があまりにも強すぎました。過去のことを何度も繰り返し言うだけで、本人は一向に直そうとしない。このようなタイプの場合は、一生変わらない可能性が高いのです。

別れを選択するのも幸せの道ということも頭の片隅に置いて、悩ましい時には、信頼できる周囲の人に意見を求めるのもいいでしょう。

「心をゆるす」と「馴れ合い」の間に一線を引く

家庭の中にルールをつくる

出会った頃は、精一杯おしゃれしていたのに、いまではすっかり体重も増え、おしゃれどころか身だしなみにも気を配らなくなった……。お互いに長年連れ添って心をゆるしたのか、緩んだのか。パートナーのだらしなさが気になったり、小汚く感じて幻滅してしまう。恥ずかしい。こういった相談は、じつは少なくありません。

たとえばパートナーがお風呂に入らなかったり、歯磨きを忘れて寝てしまったりする場合、それをやめさせたいのであれば、家庭にルールをつくりましょう。

たとえば、食事をしないで夫がスマホでゲームに夢中になっている場合、「食べないなら食事は片づけておきますね」と言ってもいいでしょう。それと同じように、このテーブルについていいのは最低限のマナーやルールを守る人だと事前に決めておくのです。そのうえで、ルール違反した場合はイエローカードを突きつけるのがいいと思います。それをせずにゆるしているから、相手も自分自身をゆるしてしまうのです。

同じ家に住むマナーや、違反の線引きは、家族会議で決められると一番いいですね。「酔っ払ってべろべろの状態でこの席につく場合は退場」と決めたなら、ルールは守ってもらいます。「守れるようになったら戻ってらっしゃい」というスタンスがいいでしょう。

夫が歯を磨いていない時は「磨いてから布団に入ってね」というルールを徹底する。家族にもマナーは必要です。夫が不潔でだらしないというケースは意外と多く、なかにはきれいにすることに無頓着な人もいます。

人間誰しも、加齢と共に筋肉や容姿、さまざまな機能が衰えます。だからこそ、お互いにルールとマナーを守り、メンテナンスを怠らないようにしていきましょう。

トシをとったら「病める時も」の呪縛から解かれていい

小さくなった体に何もかも背負わない

パートナーが要介護になってしまったら、私たちはどうしたらいいでしょうか。

老々介護のような場合、苦渋の決断をせざるを得ないこともあるでしょう。

結婚する時には「病める時も健やかなる時も」という誓いがありますが、要介護まででいかずとも、パートナーが弱ってしまった時に、「限界までお世話をしなくてはいけない」というような義務感を持つ人が多いような気がします。

ですが、もうそろそろ、そんな「呪縛」から解き放たれてもいいように思います。

お互い若い頃の体には背負えた責任かもしれませんが、トシを重ねてすっかり小さく細くなった背中には、背負える分だけ背負えばいいと思うのです。
自分が耐えられる重さを考えずに何もかも背負おうとするほうが、背負われる相手も迷惑というものではないでしょうか？

もっと社会を、人を、頼っていい

私は、ソーシャルサポート（社会的な関係の中でやりとりされる支援）は積極的に活用すべきだと思っています。自宅で介護して二人が共倒れしたほうが、よほど家族にも地域にも迷惑がかかります。ですから、プロを頼って自分は自分のできる範囲のことをする。そのほうが、健全な介護の在り方、社会の在り方ではないかと思います。

パートナーに後ろめたい気持ちが湧いてしまうなら、プロにお世話になるおかげで、自分は社会貢献できるのだと考えましょう。

誰にも頼らない在宅介護は一見、人の手をわずらわせていないように見えますが、一方で社会貢献が失われてしまうのだと発想を変えてみましょう。

誰の手も借りず、老いた親や弱ったパートナーの面倒をみようとすることは、相対的に社会に迷惑をかけることになるのです。

このように理性的に秤《はかり》にかけることがあってもいいと思います。介護施設に対しても、サービスの機会を与えるわけですから、歓迎されるべきことです。

それでも罪悪感を覚えてしまうなら、「あともう少し待っていてね。私もお世話になるかもしれないし」と声をかけてあげたりするといいかもしれません。

逆に自分が先に要介護になって家族以外の手を借りることになったら、「あなたばかりに負担をかけたくないから」などと、不安に思う家族を気づかう言葉をかけるといいでしょう。

二人の関係をもっと柔らかく考えてみよう

夫との関係を「仕事」と考えてみる

離婚は現実的ではないけれど、「夫に触れられるのが嫌だ」「この距離内に入ってこないで」という人は、実際によくいます。

相手にこんな感情を抱いてしまった時、どうすればいいのでしょうか。

一言で言えば、経済的なパートナーとして割り切ることです。「夫とのやりとりはお仕事」と思って相手にすることをすすめています。

仕事の場にお客さんが来て嫌だということはないでしょう。多少嫌な客だなと感じてもそれなりに対応するはずです。

それなのに夫になると「嫌だ」が先になってしまいます。

そんな感情を手放して、お仕事として食事をしたり、お仕事として「お給料ありがとう」と相手をねぎらう。時には夫に接触することもお仕事です。これを突き詰めて、「愛」がないと悩んで別れを考えるのは、少し早計といえるかもしれません。

たとえば、世の中には、自ら冠婚葬祭夫婦と名乗る人もいます。冠婚葬祭の場では仲のいい夫婦として振る舞うから、はた目には仲がよさそうに見えますが、実際は「家ではあまり口をききません」という関係です。

漫才コンビでも必ずしもパートナーと仲がいいとは限りません。コント55号の欽ちゃんと二郎さんは、お互いの配偶者も、住所も知らなかったそうです。それでもいいのです。お仕事の時だけ一緒にコントをすれば、あとは別々でもいいでしょう。

こんな具合に、家のなかで演じて「あとは関係ないでしょう」と割り切ってもかまいません。夫婦とはこうあるべきという形をつくって、それに当てはまらないからと悩む必要もありません。

「何もかも一緒でなくては」と縛るから、苦しくなってしまうのです。

もっと柔軟に考えましょう。

夫婦二人が定義したものが「愛」

夫婦の二人が定義したものが「愛」です。二人にとって心地よいのなら、離婚するのではなく同居人としてやっていくこともいいでしょう。孫の成長を一緒に喜べる親でありたいと思うなら、そうしてもいいと思います。

私は、根本的には嫌なものを無理やり修復する必要はないと考えています。

仲よくなりたいのに障害があるのなら取り除きたいと願うものですが、「これでしかやっていけない」と思うのであれば、それでやっていけばいいのです。あまり仲よくなかったのに、長く添い遂げるうちにしっくりいくようになっていったという例もあります。

ある夫婦は、夫の両親との同居がうまくいかなかったことで夫婦関係が長年しっくりいっていなかったにもかかわらず、晩年にさしかかった時には、お互いを労り合うような、いい感じの老夫婦になっていました。

夫婦の年輪は時代によって変わってくるものですから、5年間口をききたくないと思っても、そのあとで変わってくることもあるのです。そして「この人で本当によかった」と言って死んでいく人もいます。


別居したにもかかわらずヨリを戻し、それから仲よくなった夫婦もいますし、同じ人と何回も離婚と結婚を繰り返している人もいます。私の知人に、同じ人と4回も結婚していて、その間に別の人とも結婚をしている人もいました。7回の結婚のうち4回が同じ人だそうです。

夫婦の形は千差万別。いろいろな形があっていいのです。型にとらわれず、柔らかく、柔らかく考えていきましょう。

熟年だからこそできる別れの選択もある

別れたあとはフレンドシップタスクに移行する

いろいろと悩んだし修復も試みたけれど、どうしても残りの人生をいまのパートナーと過ごしたくない。別れたい……。

そんな時、私なら不幸な結婚を続けるよりは、幸せな離婚をすすめます。

私たちの年代では、子どもが巣立っていることも多いので、自由意志でこれからの人生を選ぶことができます。これが人生の二毛作です。

アドラー心理学では、愛すること、結婚することはラブタスク、うまくいく要因はフレンドシップタスク、離婚することはワークタスクと分類されます。

離婚は、結婚以上に面倒な手続きを踏まなければいけないため、ワーク＝仕事と分類されているのです。別れたあとは、またフレンドシップタスクに移行します。

私自身も離婚を経験していますが、前妻とは、現在でも会うことがあります。子どもや孫がいるなら、別離したあとでも一緒に会うこともいいのではないでしょうか。現在結婚している妻は「いってらっしゃい」と送り出してくれていますし、前妻との孫の誕生日をカレンダーにメモして、プレゼントを用意してくれたりもします。

夫婦が別れたあとはフレンドシップタスクに戻るので、お互い自由に別のパートナーを選べるようになります。

女性が離婚をして、夫や子どもと別れてほかの男性とお付き合いしていると、バッシングの対象になったりします。でも、まわりからなんと言われて叩かれたとしても、彼女の選んだ人生なら、それでいいのです。

離婚を選択しないことがすべてではありません。

年齢や家族の環境によっては、片方に離婚の意思があったとしても難しい場合もあるでしょう。ところが、70歳になってすでに子どもが巣立っていれば「子どものために離婚しないでおこう」という選択肢はなくなります。

「やることはやった、子どもは巣立った、これからは私の人生なんだ」と自分で自由に決めてもいいのです。

あなたは、どんな選択をしたいですか?

枯れた夫婦なりに愛の再定義をしてみよう

夫婦にはいろいろな節目があっていい

『終わった人』という、とてもショッキングな映画があります。

主人公は東大卒で、銀行の支店長を経た後、出向して専務になりました。17時半には仕事を終えて帰るので、職場には信頼し合える人間関係もなければ、友人もいません。そのことに、退職して初めて気づくのです。

妻は妻で、美容室を始めて家庭を顧みなくなり、主人公は「俺はなんなんだ！」と再就職を試みます。ところが、中小企業では「うちに東大卒の人なんてとても……」と断られてしまい行き場を失います。

最後は、彼の実家がある秋田県に帰り、友人たちと出会って「ここに自分の居場所があるんだ」と感じられる。そんな映画です。

この映画では、「卒婚」という言葉がテーマになっています。

卒婚とは、2000年代に入って生まれた言葉で、離婚や別居とも異なる関係です。夫婦が結婚生活を続けながら、お互いに干渉することなく暮らしていくライフスタイルです。卒業することは終わりではありません。「また戻る気になれば戻れる」という関係性です。

夫婦というものには、いろいろな節目があっていいのです。卒婚もその一つです。夫婦には、子どもが巣立ったあとにもう一度向き合わなければいけないタイミングがやってきます。

その時に「私たちにとって結婚とはなんなのか」と、結婚の再定義に迫られるのです。アドラー心理学においての愛の定義は、広い意味では「感情の高まりではなく、よりよい人間関係の副産物」だとしています。

繰り返しになりますが、狭い意味では、「パートナーの二人が愛と定義するもの」

です。ですから極端なことを言うと「それぞれ別に恋人がいるものの、夫婦は続けます」と二人が合意していれば、これも愛の形の一つと言えるのです。

たとえばシモーヌ・ド・ヴォーボワールと、ジャン＝ポール・サルトルの二人は、結婚をしていませんでしたし、それぞれに恋人もいました。しかしお互いに生涯のパートナーであり続けました。

こんな例もあります。夫に好きな人ができたそうです。そこで夫婦で合意をし、セックスをしなければ、夫はその女性とホテルに行ってハグまではしてもいいということになりました。夫と女性は、ホテルでいろいろと話し、夫が元気になって帰ってくるのを妻が家で「おかえりなさい」と迎える……。とても変わった例ではありますが、これも二人の愛でしょう。

枯れた夫婦なりに愛の再定義をしよう

結婚したての盛り上がっている夫婦はいいのですが、枯れた夫婦には、枯れたなりの愛の再定義が必要だと私は思うのです。

性的な関係は抜きにして、おしゃべりができる異性の友人をお互いに許容し合うのがおすすめです。これを認められないと、関係がおかしくなってしまいます。

いくつになっても、嫉妬という感情は湧いてくるものです。老人ホームでも嫉妬から始まる痴話喧嘩があるくらいですから。感情に振り回されず、それぞれの夫婦ならではの愛の形を探せるといいですね。

そのためには、家族や仲間との関係を「こうあるべき」と決めつけるのではなく「自分とその人たちにとってよい関係とはどういうものか」という視点で考え直す必要があるでしょう。

もし自分たち夫婦が、いままでと違う愛の形に変わっていくのなら、子どもたちにこんなふうに話してもいいと思います。

「お父さんとお母さんは死ぬまで夫婦でいます。ただ、それぞれに異性の友達がいます。それは別にスキャンダラスなことではないよ。相続で迷惑をかけることもしませんよ」

お互いが納得できるパートナーシップを築くことが、70歳からの人生をほがらかに過ごすことにつながるのです。

第5章 なだらかな坂をゆるゆるのぼる

誰にでも死ぬまでに果たす使命がある

自分はなんのために生まれてきたのか

70代を迎える時、残りの人生をなんのために生きたらいいのでしょうか。

私は「使命」という言葉を思い浮かべます。自分の残された使命は何か。一人ひとりにこの人生で果たさなければならない課題や使命（ミッション）があるはずです。すでにこれまでに果たしてきた使命もあれば、まだ手つかずで残っているものもあるでしょう。

これらの課題や使命は、「人生の目的」に通じています。

「なんのために生まれてきたのか」

「なんのためにあの活動をしてきたのか」

「なんのためにこれからの人生を生きたいと思うのか」

というように目的を見直してみると、これさえやりきれば、生を終えても後悔はないといえる何かが見えてくるはずです。

また、「こんな死に方はしたくない」などと思うなら、それは逆にいうと「こういう生き方をしたい」ということにもつながりますね。

つまり、死ぬことを考えることは、生きることを考えること。

死を意識すれば、自分には何ができるのかに気持ちを向けられるようになります。


一つのエピソードを紹介しましょう。身体が弱って車椅子生活をしている女性が、朝、外に出て道ゆく人に「いってらっしゃい」と声をかけ始めたそうです。するとどうなったか。

人に「いってらっしゃい」と声をかけると元気になる気がするし、「おばあちゃんに言ってもらうと元気になる」「おばあちゃん、今日も元気なのね」と自分も声をかけてもらえる。

「いってらっしゃい」の一言のために、制限がある身にもかかわらず朝決まった時間に家を出ていたというこの女性の習慣も、できる範囲でのささやかな貢献です。道行く人たちだけでなく自分自身への勇気づけにもつながっています。

あるスポーツ指導者は、自分の身体が不自由になってしまってからも、コーチとして指導を続けていました。高齢になってからも、何か作品を生み出し、残したいという人もいます。年齢など関係なく、人はいろいろなことができるはずなのです。


ただ「いい仲間に恵まれているな」「自分は幸せだな」と満足するだけではなく、死ぬその時まで、誰かの、何かの役に立つ存在でいたいという使命感を持ちましょう。

「自分は生かされていて、そして自分なりにここまで歩んできているんだ」

「残された時間のなかで役立つ自分もいるんだ」

一人ひとりが、そう自覚をしてほしいのです。

それが一人ひとりの人生の課題であり、生きる目的ではないでしょうか。

死ぬのが怖いのは当たり前

知らない世界は怖い？　それとも……

死ぬのが怖い。そんな感情が湧いてくるのは当然のことだと思います。

では、なぜ怖いのか。それは、予測がつかないことだからです。

自分がいつ死ぬのか知っている人は、一人もいません。死後の世界を知っている人も、同様に一人もいません。

なぜなら、死後の世界から還ってきた人がいないからです。

誰も知らない世界だから怖いのです。逆にいうと、誰も知らないからこそファンタスティックなことでもあります。1回限りですが、未経験の誰も知らないゾーンに入れるのですから、ややもすれば楽しみとも考えられますよね。

40〜50代の時に、知り合いが何人か亡くなったりすると、自分の生き方を考えるきっかけになります。80代前半くらいまでは鬱々《うつうつ》としてしまう人も多いと思いますが、それを過ぎたら達観してくるものです。

私自身は、ここ数年で尊敬していた次兄を筆頭に大事な人たちを次々と喪《うしな》っています。その人たちの無念さ、やるせなさを受け止め、彼らが生きて実現したかったさまざまなことを私が身代わりになって果たしたいと思う想いが、私の日々の行動と使命感を支えていると感じています。

トシをとると訃報がいい意味で響かなくなってくる

90歳を過ぎてくると、訃報を聞いて憂鬱になる人はあまりいないのではないでしょうか。

早すぎる訃報はショックですが、トシを重ねて頻発する訃報は、免疫力をつけてくれますし、次第に「次は自分の番かな」「今度はあいつかな」と言える余裕も生まれます。訃報に対して、若い頃よりもいい意味で響かなくなってくるのです。

あるおばあちゃんは変な趣味を持っていて、新聞の訃報の記事を切り抜きして集め、コレクションにしていました。

記事を見て「やがては自分も載るんだな。どんなふうに載るかな」「ここは夫が勤めていた会社だな」「この小説家の人の本は読んだな」など自分との接点を見つけて楽しんでいたそうです。少し変わってはいますが、ユニークな楽しみ方です。

誰も行ったことのない未知の世界に足を踏み入れるなんて、人生でたった一度きりのこと。

怖い怖いと言って毎日を過ごすよりも、終わりを楽しみにして待ちたいですね。

七転び八起きの三日坊主でいい

続かないのは、ダメな自分を責めてしまうから

これまでの人生で新年の誓いを何十回と繰り返してきたけど、どれも続かなかった、ものにならなかったと残念に思っている人は、案外多いようです。

ここは開き直ってみましょう。七転び八起きの三日坊主を目指すのです。「あきめない三日坊主」がいいですね。

たとえば、「3日やりました。3日休みました。また3日続けました。休みました」このように続けていくのです。そうすると年の半分、あるいは200日くらいはこなしたことになります。これが、私がおすすめする方法です。

私の知り合いで70歳を過ぎてから俳句づくりを始めた人がいます。その人は、1日あたり3句つくることを自らに課していましたが、他の用件もあり、これがなかなか難しいことがわかりました。3日、4日なら続けてつくることができるのですが、どうしてもその後は数日穴を空けてしまうことがありました。

ところが、「七転び八起きの三日坊主」の考えを知って、柔軟にとらえることができるようになりました。それでも1年で500句以上つくれるからです。

そもそも、取り組みが続かなくなるのは、すぐに、「なんでできなかったんだ」「情けないな」「昔もそうだった……」と、つい自分を苦しめる言葉をかけてしまうからです。「できなかったら次のチャンスにかけよう」と考えればいいのです。それこそ開き直りです。誰でも続けられているものはあります。ただ、ある事柄が続かないだけなのです。誰でも生き続けていて、ご飯を食べ続けていますね。お酒を飲み続けている人だっています。毎日朝ドラを観たりして、意識していなくても続いていることもありますよね。

たった一つ二つの続かないことで、自分を責める必要はありません。90％以上のことは続けているのですから。気楽にいきましょう。

居場所は自分次第でいくらでもつくれるもの

ないのは居場所ではなく居場所感

夫婦関係も悪くない。独立した子どもたちやその家族とも、そこそこうまくいっている。いまの生活にこれという不満があるわけではない。それなのに、ふと自分の居場所がないなと感じてしまうことがある……。そんなことはありませんか？

居場所がないという物悲しさを感じるのは、「居る場所」、つまり物理的なスペースが欠けているのではなく、心理的な「居場所感」がないということなのです。所属感が得られないので、寂しくなってしまうのです。

現代は、70代、80代になってもネット上のインスタグラムやフェイスブック、ブログをしている人が多くなりました。俳句などの趣味の会も、立派な居場所になります。

私の義母は、義父に先立たれ、上の娘も先に亡くしていますが、俳句の会に居場所を持っていて、町内会でも支えてもらっています。銀行関係の老人の旅行会にも喜んで参加しています。このように居場所は、家以外のところにもあるものです。

でも、これは自分で求めてつくるものだと思うのです。居場所という物理的なものではなく、「居場所感」は、自分で積極的に動かなければ、手に入りません。待っていても向こうから訪れることはないでしょう。

誰かと接点を持つだけでもいい

ソーシャル・サポートを活用するという手もあります。ある女性は、ソーシャルワーカーが訪問してきてくれるようになってから、とても元気になりました。週に2回声をかけてくれる人がいることが大きく影響しているようです。

ソーシャル・サポートを受ける一環で、家に安全のため手すりをつける工事をした時に、担当の人が一つひとつ彼女に確認しながら進めたり、業者と折衝してくれていました。一通りのことを終えたあと、「娘だけかと思っていたのに、福祉がこんなに手を貸してくれるなんて」と彼女が非常にイキイキとしていた姿が、とても印象的でした。誰かと接点を持つことでも人は居場所感が満たされるのです。

病院という居場所もあります。病院の待合室では「今日はあのおじいさんは見ないですね」「風邪を引いて休んでいるみたいですよ」という会話もあるそうです。いまや病院は、老人たちの憩いの場なのです。

いまからでも遅くはありません。どんな形でもいいので、家庭以外のあなたの「心の居場所」をつくっておくことをおすすめします。

それだけで、毎日にハリが出るはずですよ。

大きな決断のポイントは「さわやか」かどうか

「こう生きたい」というシナリオを描いておく

老齢になってから大きな決断をするのは、なかなか勇気がいることです。若い人に比べると、大きな決断をする人は少ないかもしれませんが、たとえば、私でいえば、どうリタイアするかの決断を待っているという状態です。

仕事や相続、結婚を継続させるかどうかの問題など、トシをとってからも決断する機会はつきまとうものです。

では、健全な判断基準とはなんでしょう?

私は「さわやかさ」だと思います。「決断」と「さわやかさ」はなんとなく結びつきにくいかもしれませんね。私の思う「さわやかな決断」とは、後悔しないこと、迷惑をかけないことが大前提としてあります。

これに加えて、「こう生き抜きたい」というシナリオを描いておくことです。自分中心の判断で終わるのか、そうでないのかで、シナリオは変わってきますね。

たとえば私は、研修講師として自分でなければできないもの、継続して自分が担当しなければならないものに限定して自分が担当し、他の講師でもできるものは、できるだけ他の講師に移譲することにしています。その結果、自分ならではの知識と経験を新規の研修案件に生かせるようになりました。一つのささやかな決断が自分の使命に従い、自分の創造性をより生かせるようになったケースです。

決断の基準は、人それぞれです。

あなたはどんなさわやかな決断をしますか？

晩節は別れ方が9割

別れにその人の人間性があらわれる

日々過ごしていると、つい出会いにばかり気が向きがちですが、晩節は、別れのほうがずっと大切です。お互い「もしかしたらこれが最後かな」と予想されそうな別れに、その人の人間性が如実にあらわれるからです。やむを得ず、大切な誰かと離別する時、私たちはどんな振る舞いをするのが理想的でしょうか。

正しい別れ方というものは、目の前で心から相手に感謝をして「これまで本当にありがとう」と伝えることです。お互いに言い合えたら、なおいいですね。

私が好きな言葉に「送り七分《ななぶ》」があります。これは出会った時よりも、別れる時に

70％の力を注ぎましょうという考え方です。

ある出版社で対談を終えて帰る時のこと。玄関まで全員が見送ってくださいました。さらに玄関から出て坂道を下るのですが、道を曲がるところまでしっかり見届けていただいたことがとても印象的だったのを覚えています。これが送り七分です。

私は、カウンセリングを行う際は、その最中だけでなくいかにクライアントと「別れるか」をとても重視しています。別れる時ほど、丁寧な配慮が必要なのです。

カウンセリングを終えたあと、クライアントをエレベーターまでお見送りするのですが、扉が閉まった時に合掌するのが習い性です。これは、出会った時よりも送るほうを大事にするためです。その後、「あの人はどうしているかな」とあとを引かないのですが、それは観音様にバトンタッチしている気持ちでいるからです。帰宅後は、観音様にクライアントのことを毎晩祈るようにしています。

このように、送り七分とは、あとを引かない清らかな別れ方のことです。私はカウンセリングでも、お客様でも、すべて送り七分の精神で閉じようと考えています。

起きている偶然を楽しもう

計画から大きくそれたことで人生の味わいが増す

あなたが20歳の頃、いまの自分がこうなっていると予想していたでしょうか？ きっとそこからの人生は想定外のことばかりだったのではないでしょうか。

山登りにたとえていえば、このルートと決めて山を登ったつもりなのに、どこかで思ってもみなかった道にそれてしまったような具合です。あるいは、川の流れにたとえてもよいでしょう。

希望と違う会社に就職した人もいるでしょうし、はからずも故郷から離れた土地で暮らしている人もいるでしょう。女性なら、結婚出産を機に生活が一変した人もいるかもしれません。住まいや家族関係、家族構成も変わったりしたはずです。そして、現在に至るまでには、さまざまな偶然の出来事があったことでしょう。

パートナーとの出会いや、人生のお手本になる人との出会いなどもそうです。そうやって、偶然の出来事によって計画とは大きくそれたことが、振り返ってみると人生の味わいを増してくれていることがあります。

私の場合でいえば、はじめは外資系の会社に就職し、出世コースをひた走っていました。ところが、親会社の事業撤退により従業員の半分を削減するプロジェクトの推進者になったことから、辞めることになりました。もちろんまさか自分がこんなことになるとは、まったく想像もしていませんでした。

でも、それによって、はからずも子どもの頃からの夢が叶うことになったのです。じつは私は子どもの頃から、本を書くという夢を持っていました。ですが、もしサラリーマンのままだったら、きっと叶わなかったことでしょう。

子ども時代の夢が、ある意味、偶然の出合いによって実現したのです。

人生にはどこかで一貫した流れがある

人生には、どこかで一貫した流れがあると、私は思っています。

私の場合は、人に貢献したい、勇気づけたいという思いがベースにあるのかもしれません。同じように、誰にでも、何か一貫した道筋というものがあるはずなのです。

おそらくそれは、子ども時代から続いていることが多いでしょう。

たとえば、あなたは小学校の文集にどんなことを書いたでしょうか。

当時の夢がそのまま実現していることはそう多くないかもしれません。ですが、気づくと近い方向を歩んでいるとはいえませんか？

日々の小さな流れのなかではあちこち蛇行しているように見えるかもしれませんが、人生の大きな流れにおいては一貫していると考えています。同様に、自身の大きな意志である「大我」も、自分の望んだところへ方向づけてくれるのです。

小さなことにとらわれて、クヨクヨしたり、思う通りにいかないとイライラしたり焦ったりするのではなく、大きな流れに身を任せるような感覚で、偶然を楽しめるといいですね。

私たちは、一人残らず導かれています。

その大きな流れを信頼すること、そして、ゆるゆるとでもいい、前を向いて、たゆまず一歩を進めることが大切です。

そうした人だけが、これまで見えてこなかった壮大な景色を目にすることができるのです。

「何者」かになんてならなくてもいい

人は誰もが「中継者」

人生は、あるところから始まり、あるところで終わります。トシをとると、人生が下り坂のように見え、いまだ何も成していないことに物足りなさを感じることがあるかもしれません。ただ、自分一人の人生だけで何かをまっとうしなければならないと考えたり、人生をのぼったり下ったりという坂道だけでとらえたりするのは、少々物足りないところがあります。

私が提唱しているのは、自分は中継者だという発想を持つことです。

仕事を引き継ぐ時、自分の人生を終える時、次の世代にバトンタッチをすると考えるのです。

私は、この発想が、アドラーのいう人類の進化ではないかととらえています。たとえばAさんの一生は、ある時期から下り坂になっているかもしれません。しかし中継者として見た時には、上り坂の支援者でもある。バトンを渡し続けていくと、人類は相対的に上り坂を歩いていて、自分の人生はそのなかの一幕でしかないと思うのです。

人類の進化という視点で見ると、私たち人間は、明らかな上り坂を歩んでいます。命は、自分限りではないのです。私たちは命の連鎖、かけがえのない一幕の主演者です。そして次の舞台へバトンタッチする橋渡し人でもあるのです。

人はみな中継者です。

中継者とは、400メートルリレーにたとえると第二走者か第三走者にあたります。私たちが親や先祖から受け継いだバトンを、次にどう渡すのか。ぜひこのことを忘れないでほしいのです。

受け継いだらきちんと走ることだけ考えればいい

ゴールを最高のフィナーレにする必要も、最初のスタートを切る必要もありません。バトンを受け継いだら、きちんと走ることだけ考えましょう。

バトンを受け取るのは、親や先祖からだけではありません。仕事でのつながりや友人、師など、いろいろなつながりがあります。

私の知人に古典芸能に邁進している人がいるのですが、「伝統を生かそう。灯火が消えてしまう」と次世代につなごうとしています。自分が芸能人になるのではなく、古典芸能の人たちを育成するということもバトンをつなぐことにあたるでしょう。

ですから、人はどんなことでも中継者になれるのです。

私たちは、自分が「何者か」になったり、人生で何かを成し遂げなければならないと思いがちです。でも、自分のことを中継者だと考えると、少し気がラクになりませんか？

いつもいつも、のぼっていくことだけにとらわれなくていいのです。

中継者として、日々をほがらかに生きようではありませんか。

おわりに

『アドラーに学ぶ70歳からの人生の流儀』を読み終えたあなた、ご感想はいかがですか？

この本は、いちいち細かく触れませんが、私が37年間学び、普及してきたアドラー心理学を基盤にしています。70代以上の人、やがて70代を迎える人たち、彼らとかかわりのある人たちのために書き下ろしたものです。

「はじめに」では、「環境のせい」「できない」「限界があり不可能」と受け止めていた人が「自分が主人公」「できる」「やや制限があっても可能性がある」に変化していくことを想定しながら書きましたが、そのお気持ちが少しでも湧いてきたでしょうか？

「勇気の伝道師」である私ののミッションは、研修、講演、カウンセリングで接する人たちに勇気を提供することです。そのことは、執筆でもまったく同じです。

アドラー心理学の立場では、問題行動の多くは「勇気くじき」から発生するとみなしています。さらに「勇気くじき」でもっとも始末が悪いのは、自分自身への「勇気くじき」です。

この本は、徹底的に「勇気づけ」に満ちています。人は、自分自身からでも、他者からでも勇気づけられると、その視野が自分自身から他者へ、世界へと広がります。閉鎖的に自分しか関心を持てない状態から、他者への共感を通じた信頼、協力、貢献へと向かいます。


私は最後に「貢献」と書きました。ともすれば「自分はこの年齢で、この健康状態で貢献どころではない」と言う人がいるかもしれません。しかし、そう決めつけている人でも、福祉や看護などの現場で「貢献を引き出す貢献」をしているのです。その時さらに貢献のチャンスが訪れます。「ありがとう」と感謝の言葉を発することです。

また、「はじめに」では、この本を契機に「生涯貢献」を志す人たちが増え、その人らしさの輝きを帯びて「生涯現役」の機運が高まることを願いました。

その機運が高まるためにアルフレッド・アドラーの言葉を残しておきます。

「彼ら（老人たち）が働いたり、努力したりする機会にもっと恵まれれば、もっと多くのことが成し遂げられるであろうし、際限なく幸福でいられるはずだ。誤った社会習慣のせいで、老人たちがまだまだ活動できるにもかかわらず、私たちは、彼らをしばしば棚の上に置いてしまっている。60歳、70歳、それどころか80歳の年齢だからといって、老人に決して引退をすすめてはならないのである」（『アルフレッド・アドラーの個人心理学』ハインツ＆ロウェナ・アンスバッハー編著、未邦訳）

最後に、この本が誕生するためにお世話になった方々に感謝の言葉を残します。出版にあたっては、毎日新聞出版の久保田章子さんのお声がけがなければ、この本は生まれませんでした。さらには、silas consultingの星野友絵さんの編集協力がなかったならば、このようなまとまりのある本にできませんでした。

いままでコンビを組んだことのあるお二人に心から感謝を表明します。

さらには、31年の労苦を共にし、家にいながらも机に向かって原稿に取り組んでいる姿を温かく見守ってくれていた妻の岩井美弥子にも「ありがとう」を言いたいと思います。

そして、最後の最後に、この本を読み通してくださったあなたに最大限の感謝をお伝えします。あなたの貢献を待っている人がいることを忘れないで、というメッセージを添えて。

本当にありがとうございました。

２０２０年2月

岩井俊憲

〈おすすめの本〉

『50代から始める知的生活術　「人生二毛作」の生き方』（外山滋比古著、だいわ文庫）

『50代からの選択　ビジネスマンは人生の後半にどう備えるべきか』（大前研一著、集英社文庫）

『悔しかったら、歳を取れ！　わが反骨人生』（野田一夫著、ゲーテビジネス新書）

『ジェロントロジー宣言　「知の再武装」で100歳人生を生き抜く』（寺島実郎著、NHK出版新書）

『人生は65歳からがおもしろい』（河村幹夫著、海竜社）

『定年後　50歳からの生き方、終わり方』（楠木新著、中公新書）

『孤舟』（渡辺淳一著、集英社文庫）

『老後の資金がありません』（垣谷美雨著、中公文庫）

『失意の時こそ勇気を　心の雨の日の過ごし方』（岩井俊憲著、コスモス・ライブラリー）

装丁／tobufune
装画／小林ラン
ＤＴＰ・本文デザイン／明昌堂
編集協力／星野友絵（silas consulting）

著者略歴

岩井俊憲（いわい　としのり）

アドラー心理学カウンセリング指導者。

1947年栃木県生まれ。上級教育カウンセラー。1970年に早稲田大学卒業後、外資系企業の管理職などを経て、1985年にヒューマン・ギルドを設立し、代表取締役に就任。アドラー心理学に基づくカウンセリング、カウンセラーの養成、各種研修を行っている。おもな著書に、『勇気づけの心理学　増補・改訂版』（金子書房）、『マンガでやさしくわかるアドラー心理学』シリーズ（日本能率協会マネジメントセンター）、『人生が大きく変わる アドラー心理学入門』（かんき出版）、『人間関係が楽になるアドラーの教え』（だいわ文庫）、『経営者を育てるアドラーの教え』（致知出版社）など。

アドラーに学《まな》ぶ
70歳《さい》からの人生《じんせい》の流儀《りゅうぎ》

印　刷　2020年２月25日

発　行　2020年３月５日

著　者　岩井俊憲《いわいとしのり》

発行人　黒川昭良

発行所　毎日新聞出版

〒102-0074
東京都千代田区九段南1-6-17　千代田会館５階
営業本部　03（6265）6941
図書第一編集部　03（6265）6745

印刷・製本　光邦

ISBN978-4-620-32623-8